朱培庚編撰

文史典故

碎玉藏珍邀你賞

文史哲出版社印行

國家圖書館出版品預行編目資料

碎玉藏珍邀你賞 / 朱培庚編撰. -- 初版. --
臺北市：文史哲, 民 105.09
　頁：　公分. --（文史典故；9）
含索引
ISBN 978-986-314-324-6（平裝）

813.6　　　　　　　　　　105016373

文 史 典 故　9

碎玉藏珍邀你賞

編 撰 者：朱　　　培　　　庚
出 版 者：文 史 哲 出 版 社
http://www.lapen.com.tw
登記證字號：行政院新聞局版臺業字五三三七號
發 行 人：彭　　　正　　　雄
發 行 所：文 史 哲 出 版 社
印 刷 者：文 史 哲 出 版 社
臺北市羅斯福路一段七十二巷四號
郵政劃撥帳號：一六一八○一七五
電話 886-2-23511028 ‧ 傳真 886-2-23965656

實價新臺幣三六○元

２０１６年（民國一○五）九月初版

卷前敬白

一、本書特意只選短文，以適應現今快速變遷的時代。
　　至若長篇冗論，多係正面說教，滿紙箴言，讀來枯
　　燥乏味，本書不取。

二、篇幅既短，頗似碎玉零金，卻都各含珍言懿行，
　　值得共賞。三五分鐘，就能讀完一篇而獲益。

三、短文都係故事體裁，且均含有對話。閱讀時好似
　　身歷其境，親聞聲欬，應有真實深切之體會。

四、每篇都有重點，閱後即知。且易於記牢，可作為
　　進修之範例。

五、各篇都是獨立出現。任翻一頁，任選一題，都可
　　開始。如對該篇乏味，請閱另篇，甚有機動性。

六、原始資料，多是文言，大半偏於深邃乾澀，故都
　　先行衍繹為白話文，俾易了解。但或許有人懷疑這
　　些白話文是否筆者信手胡謅，來討好讀者？因此都
　　引述原文於後，且注明來源出處，以資參對。

七、每篇之末，略綴數語，視作餘音。如覺累贅，可
　　不予理會。又書後附有人名索引，例如要查康有為
　　事跡，可在十一劃康字中查得為 198 篇，甚為簡捷。

八、本書各篇，均係選摘前人之瑰言琦行，譽之者謂
　　為揀沙得金，這是謬讚。貶之者則謂僅是一文抄公

　　　　而已，只是在故紙堆中，尋章摘句，難免有一些雞
　　　　毛蒜皮之事，這是實評。仍請讀者公鑒。

九　、有不少的成語典故，已散見於某些出版物中，因
　　　尚有助於進修，故仍引述，諒不為過。

十　、同性質的書，坊間亦有。筆者認為各有所長，可
　　　以互存比較，本書並不遜色。

十一、輯撰此書，毋須深知高識，只是大費時日。智者不
　　　屑為，黠者不願為。但總得有個不自量力的傻瓜，
　　　願意丟下正業，來搜探古今史籍、諸子百家，朝野
　　　漫談、大小傳記、儒佛語錄、各類專集，覓其佳妙
　　　短文，隨時錄用，計已挑選出 202 篇，勉可成書候
　　　教。

十二、筆者才疏學淺，錯漏定然難免。至盼大雅方家，賜
　　　予匡訛糾誤，不勝企禱銘感之至。

　　　　　中華民國 105（2016）年荷月朱培庚識於臺北

碎玉藏珍邀你賞

目　　次

立 品 第 一

1　文王澤及枯骨

周文王要開闢一個池塘，工人們挖到泥土深處，發掘出一具死人的遺骸。小吏把此事稟告周文王。文王說：「你另行找塊好地，將他重新埋葬！」小吏說：「這是一具無主的殘骸，似乎不必這樣重視他吧？」

文王告誡說：「凡是擁有天下而稱王者，就成為天下的主人。凡是掌有一國而稱侯者，就成為一國的主人。我今統有天下，不就是他的主人嗎？」於是命令所屬，將枯骨洗浴更衣，另擇吉地，妥予埋葬。

天下人都說：「文王太賢良了，恩澤施及於無主之髑骨，更何況我等這些活著的人呢！」

【原文】周文王使人掘池，得死人之骸。吏以聞於文王。文王曰：更葬之。吏曰：此無主矣。文王曰：有天下者，天下之主也。有一國者，一國之主也。今我非其主耶？遂令吏以衣冠更葬之。天下人聞之曰：文王賢矣，澤及髑骨，又況於人乎？

——秦、呂不韋：《呂氏春秋》、十二紀、異用。

【餘音】對無主之枯骨，能施以大愛，則對其他活人的大德大惠，應可想見。賢君如周文王者，後來人都沒法超逾。以故孟子也說：「文王發政施仁」「文王我師也」「莫若師文王」「文王視民如傷」。推崇備至。今日身為首長者，請勿錯過此篇。

2　齊魏國寶不相同

　　齊宣王與魏惠王在郊外一同打獵，魏王問到：「你也有珍寶嗎？」齊王說：「沒有。」

　　魏王說：「像我這樣一個小國，還擁有直徑一寸的珍珠，光耀能照亮前後十二輛車的寶珠也有十顆，像你那樣擁有兵車萬輛的大國，怎會沒有珍寶呢？」

　　齊王說：「我所看重的珍寶和你的有所不同。我有個臣子叫檀子，派他去守南城，使楚國人不敢來挑釁。我有個臣子叫盼子，派他去守高唐，趙國人就不敢在河東捕魚。我有個臣子叫黔夫，派他去守徐州，跟隨他而歸附來的有一萬多家。我有個臣子叫種首，派他去防止偷盜，他使人們都路不拾遺。我有了他們，已經能夠照亮千里之遠，豈止是照亮十二輛兵車而已呢！」魏王聽了，深感慚愧。

【原文】齊宣王與魏惠王會田於郊。魏王曰：亦有寶乎？齊王曰：無有。魏王曰：若寡人之小國也，尚有徑寸之珠，照車前後十二乘者十枚。奈何以萬乘之國無寶乎？齊王曰：寡人之所以為寶與王異，吾臣有檀子者，使之守南城，則楚人不敢為寇。吾臣有盼子者，使之守高唐，則趙人不敢東魚于河。吾臣有黔夫者，使之守徐州，從而歸之者十千餘家。吾臣有種首者，使之備盜賊，而道不拾遺。吾將以照千里之外，豈特十二乘哉？魏王慚。——漢、韓嬰：《韓詩外傳》。

【餘音】現代社會，百業爭榮。不論你是院長、部長、董事長、執行長、廠長、店長、總經理，都須視人才為第一，捧人才為至寶。這是事業或產品成敗盛衰之所繫。至於所謂珠寶，只供暇時閒賞，此點務請認清，不要捨本崇末。

3　舉仇舉親祁黃羊

　　晉平公問祁黃羊：「南陽郡沒有郡長，你認為誰能勝任？」祁黃羊回答：「解狐可以。」

　　晉平公問道：「解狐不是你的仇人嗎？」祁黃羊答道：「你問的是誰可勝任郡長，並不是問誰是我的仇人呀！」晉平公說：「你講得對。」於是任命解狐，晉國人都稱譽解狐適任。過了一段日子，晉平公又問祁黃羊：「國家缺少一位統軍軍尉，誰能勝任？」

　　祁黃羊回道：「祁午可以。」

　　晉平公問：「祁午、不是你的親兒子嗎？」祁黃羊答道：「你只是問誰能適任軍尉、不是問誰是我的兒子呀！」

　　晉平公說：「你說得有理。」於是任祁午為軍尉。晉國上下都認為祁午幹得很好。

　　孔子聽了，贊道：「好呀！祁黃羊的推薦，外舉不忌諱自己的仇人，內舉不迴避親生的兒子。祁黃羊可稱得上是十分公正無私了。」

【原文】晉平公問祁黃羊曰：「南陽無令，其誰可？」祁黃羊對曰：「解狐可。」平公曰：「解狐非子之仇耶？」對曰：「君問可，非問臣之仇也。」平公曰：「善。」遂用之，國人稱善焉。居有間，平公又問祁黃羊：「國無尉，其誰可？」對曰：「午可。」平公曰：「午非汝之子耶？」對曰：「君問可，非問臣之子也。」平公曰：「善。」又遂用之，國人稱善焉。孔子聞之曰：「善哉祁黃羊之論也。外舉不避仇，內舉不避子，祁黃羊可謂公矣。」——《呂氏春秋‧孟春紀‧去私》

【餘音】不以私怨而外薦仇敵，不避至親而內舉兒子，都是為國家進用賢才，祁黃羊之大正大公，應是前未見古人，後恐無來者。

4 秦西巴有罪而益信

春秋時代，魯國大夫孟孫打獵，捉到一頭活的小鹿，交給隨隊的秦西巴先行帶回去。

那母鹿跟在秦西巴的馬後，一路跟一路不停的哀鳴，捨不得和那幼鹿分離。秦西巴心中不忍，便私自把那頭小鹿解繩釋放，跟那母鹿走了。

孟孫獵罷歸來，問知那頭小鹿已被放走，一氣之下大怒，竟然把秦西巴逐出府門，斷絕來往。

隔了一年，孟孫又派人把秦西巴請了回來，這次還要他擔任孟孫兒子的老師，反而更加禮敬他了。

接近孟孫的人問道：「秦西巴以前犯了過失，得罪了你，你將他趕走了。今天為何又請他回來，而且還要他作你公子的老師呢？」

孟孫解釋說：「秦西巴上次對待那頭小鹿，甚有慈愛不忍之心。他既能將恩惠澤及野獸，那他對我兒子必定愈加心存慈愛而掬誠教誨了。」

【原文】孟孫獵，得麑，使秦西巴持歸。其母隨之而啼。西巴弗忍，縱而予之。孟孫歸，求麑安在？秦西巴對曰：其母隨而啼，臣誠弗忍，竊縱而予之。孟孫怒而逐西巴。居一年，復召西巴為太子傅。左右曰：「西巴前已有罪於君，今又以為子傅，何也？」孟孫曰：夫以一麑而弗忍，又豈會忍吾子乎。——漢、劉安：《淮南子》，卷第十八、人間訓。又見：漢。劉向《說苑》，卷第五。貴德。

【餘音】幼鹿哀啼，母鹿悲悽，感動西巴，放歸團聚。

　　　　不忍傷麑，必愛我兒，召返作傅，孟孫悟兮。

5　受或不受都合理

　　孟子的弟子陳臻請教孟子道：「夫子您前些日子在齊國，齊王送你最好的黃金一百鎰，你不肯收受。後來在宋國，宋君送你平常的黃金七十鎰，你接受了。如果說，前日的不受是合理的，那今日的收受便是不合理了。又如果說今日的收受是合理的，那前日的不受便是不合理了。夫子您在這兩個裡面，總有一個不合理吧？」

　　孟子解說道：「都是合理的呀！當我在宋國時，我將有遠地的長途旅行，對遠行的人，有贈送路費的禮儀，宋君送我黃金，措辭就是送行的路費，我為甚麼不能收受？至於在齊國，我並沒有任何企劃和舉措，齊王卻送來兼金，這是拿財貨來買通我呀，哪有身為君子者，可以被財貨誘致收買的呢？」

【原文】
陳臻問曰：前日於齊，王餽兼金一百而不受。於宋、餽七十鎰而受。前日之不受是，則今日之受非也。今日之受是，則前日之不受非也。夫子必居一於此矣。孟子曰：皆是也。當在宋也，予將有遠行，行者必以贐，辭曰餽贐，予何為不受？若於齊，則未有處也，無處而餽之，是貨之也。焉有君子而可以貨取乎？
——《孟子》、公孫丑章句下、陳臻條。

【餘音】
君子的一辭一受，都要合乎禮，理由正當，才是守正。

6　不吃嗟來食

齊國有一年鬧起了大饑荒，有個好心人黔敖，在路旁準備了飯菜，等待飢民來時給他們食用。

有個餓得很慘的人，用衣袖遮著餓臉，拖著破鞋子，踉踉蹌蹌地走了過來。黔敖左手捧著飯菜，右手端著湯水，喊道：「喂，快來吃吧！」

那飢民睜著雙眼，盯著黔敖，說：「我就是因為不願意吃這種吆喝著施捨的飯食，才餓到這種地步的呀！」

黔敖改容向他致歉，但他始終不肯吃，未久竟然餓死了。

【原文】

齊大飢，黔敖為食於路，以待飢者而食之。有餓者，蒙袂輯屨，貿貿然來。黔敖左捧食，右執飲，曰：嗟、來食。飢者揚其目而視之，曰：余唯不食嗟來之食，以致於斯也。從而謝焉，終不食而死。——《禮記》、檀弓下。

【餘音】

尊嚴與活命，何者重要？似乎並未有絕對的標準。本文《禮記、檀弓下》文末對此事有小評云：「曾子聞之曰：微歟，其嗟也可去，其謝也可食。」此語公正。

7　烹魚騙說放生

從前，有人送給鄭國大夫子產一尾活魚，子產交待管魚池的人把這活魚放養到魚池裡去。

那管魚池的人，私自把魚宰了吃了，揑詞報告子產說：「我剛把魚放入魚池時，它還未完全舒釋，過了一會兒，它就自由自在地游開來，一下子就游得不見了。」

子產覺得很滿意，說：「這太好了，魚兒算是找到它理想的安身處了，它找到理想的安身處了。」

管池塘的人出來，對人說：「誰在稱贊子產大夫智慧高超？我已經把那尾魚吃了，他還在說『魚兒算是找到它理想的安身處了，找到它理想的安身處了。』」

所以說：即使面對君子，編造出合適的理由，便可能使他受騙；但不合情理的牽強說詞，仍然是動搖不了他信服的真理。

【原文】

昔者，有饋生魚于鄭子產　子產使校人畜之池。校人烹之，反命曰：始舍之，圉圉焉，少則洋洋焉，攸然而逝。子產曰：得其所哉！得其所哉！校人出，曰：孰謂子產智？余既烹而食之，曰：得其所哉！得其所哉！故君子可欺以其方，難罔以非其道。 —— 孟軻：《孟子》萬章上。

【餘音】

揑造一番正當的說詞去騙君子，在未拆穿之前，可能會瞞混過去。但是不宜多用。此種事例，迄今還有，不須奇怪。

8　事有不可不忘者

　　戰國時代，秦國伐趙國，趙國向魏國求救。魏國的信陵君殺了晉鄙，挽救了趙國首都邯鄲，打敗了秦兵，保全了趙國，這份恩德太大了，趙孝成王要親自到郊外去迎接他。

　　唐雎向信陵君進言說：「天下事有我不知道的，也有我不可不知道的。有不可忘記的，也有不可不忘記的。」

　　信陵君問：「你說這些話，是甚麼意思？」

　　唐雎解釋道：「別人厭憎我，我不可不知。我厭惡別人，卻不可讓他知道。他人對我有恩，我不應該忘記。若我對他人有恩，就不應該老是記在心上。如今你殺了晉鄙，救了邯鄲，打敗了秦軍，保全了趙國，這是大恩大德。現在趙王親來郊迎，當你面見趙王時，希望能忘記這椿宏恩巨德，好嗎？」

　　信陵君回應道：「我魏無忌接受你的指教了。」

【原文】信陵君殺晉鄙，救邯鄲，破秦人，存趙國。趙王自郊迎。唐雎謂信陵君曰：「臣聞之：『事有不可知者，有不可不知者；有不可忘者，有不可不忘者。』」信陵君曰：「何謂也？」對曰：「人之憎我也，不可不知也。吾憎人也，人不可得而知也。人之有德於我也，不可忘也。吾有德於人也，不可不忘也。今君殺晉鄙，救邯鄲，破秦人，存趙國，此大德也。今趙王自郊迎，卒然見趙王，臣願君之忘之也。」信陵君曰：「無忌謹受教。」──漢、劉向：《戰國策・魏策・信陵君殺晉鄙》。又見《古文觀止・卷四・唐雎說信陵君》。

【餘音】受惠要謹記在心，施恩則不求回報，這是為人處世的最高品德。

9　錯怪鄰居兒子偷斧

有人遺失了一把斧頭，懷疑是鄰家的兒子偷去了。

愈留神盯著鄰家兒子看，愈覺得他是小偷。看他走路的姿態，是偷了斧頭的形像。看他臉上的表情，是偷了斧頭的模樣。聽他講話的口氣，也是偷了斧頭的聲調。總之，從他的言語表情、動作態度來看，沒有哪一樁不是像偷了斧頭的樣子。

過不了幾天，這人要挑穀出賣，他在穀倉裡扒開穀堆時，竟然發現了那柄失去的斧頭。原來是自己不經意把它遺留在穀倉裡，卻又被新入倉的穀子埋起來了。

斧頭失而復得，心境大為改觀。第二天，又見到鄰家的兒子，再一端詳，他的舉動、臉色、言談、態度，都沒有一點半絲像是偷了斧頭的樣子了。

【原文】

人有亡鈇者，意其鄰之子。視其行步，竊鈇也。顏色、竊鈇也。言語、竊鈇也。動作態度，無為而不竊鈇也。俄而扣其谷而得其鈇。他日復見其鄰人之子，動作態度，無一似竊鈇者。 ── 列禦寇：《列子》、說符篇。

【餘音】

疑心生暗鬼。若從懷疑的假想去觀察，愈看他愈像個小賊。而懷疑是暗藏在我心中，對方全不知曉，連剖白的機會都沒有。如果懷疑錯了，這天大的冤枉，如何補救？

10 懷疑隔鄰老父竊金

戰國時期，宋國有位富翁，他家住宅的外牆，因大雨而坍塌了一大片。

他兒子說：「牆塌了，如不趕快砌好，會有小竊來偷盜。」

鄰居一位好心的老父，也看到了，同樣對這位富翁說：「牆壞了，要趕快修砌好，不然的話，可能會引來小偷。」

富家翁要補修牆壁，打算要用相同材質相同顏色的磚砌補，求取與舊牆一致，招工選料，很費時間，當天不能完成，只有把破損處暫時遮蓋，待明日繼續施工。

不幸當天後半夜，果然有小偷潛入，偷去了大批財物。

這位富翁的想法是：「我兒子很有識見，能事先料到失竊，智慧真高。只是隔鄰那個老頭兒大有嫌疑，只有他知道這牆是壞的。這次失竊，很可能就是他指使別人幹的。」

【原文】

宋有富人，天雨牆壞。其子曰：不築，必將有盜。其鄰人之父亦云。暮而果大亡其財。其家甚智其子，而疑鄰人之父。——戰國、韓非：《韓非子》、說難。

【餘音】

「杯弓蛇影」是杜宣疑心喝下小蛇而生病。「曾參殺人」是曾母疑心兒子真的殺了人而逃命避禍。疑心之害大矣哉。在沒有確切證據之前，最好不要遽下結論。

11　項羽劉邦同有大志

（一）項籍，字項羽，叔父叫項梁。項籍少年時，學書沒有興趣，學不成，學劍也無大用，學不成，項梁改而教他兵法。秦始皇巡遊會稽，渡浙江，項梁與項羽一同在官道邊觀看，項羽脫口說：「可以把他趕下皇帝位，讓我來代替他！」項梁急忙用手掩住項羽的嘴，糾責他說：「不可以亂講話，如要追究起來，姓項的全族人都要殺光了！」

（二）漢高祖，姓劉，名邦，字季。常有大度量，不喜歡治理家務，也不想從事家庭生產。有一次在秦國首都咸陽服役，恣意觀看到秦始皇帝御駕出巡，排場威武懾人，看完後，長嘆一口氣說：「唉呀！既是大丈夫，就應該和他一樣的了不起嘛！」

【原文】

（一）項籍者，字羽，其季父項梁。項籍少時，學書不成，去學劍，又不成，項梁乃教籍兵法。秦始皇帝遊會稽，渡浙江，梁與籍俱觀，籍曰：彼可取而代也。梁掩其口曰：毋妄言，族矣。 ——《史記》、卷七、項羽本紀第七。

（二）漢高祖姓劉名邦字季。常有大度，不事家人生產。嘗繇咸陽，縱觀秦始皇帝，喟然太息曰：嗟乎，大丈夫當如是也。 ——《史記》、卷八、高祖本紀第八。

【餘音】

項羽劉邦，都有大志。項羽直率，逕口就說「彼可取而代也」。劉邦歆羨，委婉說「大丈夫當如是也」。各顯性格，如見其人。

12　閻敞歸還百卅萬

　　漢代閻敞，任職為郡府屬官，郡太守為第五嘗。後來，第五嘗被徵召調職別處任官。由於詔令急切，即須起程，一時間只得將歷年所存俸祿及家財共一百三十萬銀錢，寄存在閻敞處。為了慎重，閻敞將錢裝入瓷罐，埋在後堂地下，別人都不知道。

　　第五嘗赴任後，不久，時疫流行，全家都突染急病死了，僅有一個孫子存活，纔九歲。第五嘗在臨終時，曾對小孫子提及有錢三十萬寄存於閻敞處。後來孫兒長大成年了，便來拜會閻敞，試探著問起有無先祖父寄存的遺款？閻敞接待這位孤孫，又悲又喜，即刻把埋藏的錢一百三十萬，分毫不差的還給他。

　　孫兒提醒道：「先祖父只說有三十萬，沒說是一百三十萬，是不是你給我太多了？」

　　閻敞答道：「我想令先祖父大概是在重病之際，記憶迷糊，把錢數說錯了。你不必懷疑，這一百三十萬都該全數歸還給你！」

【原文】閻敞，為郡掾。太守第五嘗被徵，以俸錢一百三十萬寄敞，敞埋於堂下。後、第五嘗舉家病死，唯餘孤孫九歲。當未死時，曾說有錢三十萬存敞處。及孫長大，試謁閻敞問之。敞見孫，悲喜不勝，即悉數取錢還孫。孫曰：祖僅言三十萬，無一百三十萬。敞曰：府君病困謬言耳，郎君勿疑。──明、鄭瑄：《昨非庵日纂》、種德第三。

【餘音】一百萬並非小錢，寄存時無人知曉；
　　　　　漢閻敞官職雖低，不貪財大可旌表。

13　奉上黃金想升官

南北朝時期，南朝有個宋代，有位褚彥回，是宋武帝劉裕的女婿，擁有清高的聲譽。

到宋明帝時，褚彥回官任吏部尚書，掌管考核升遷。有一人想升高官，特來拜會褚尚書。在接談的過程中，來客趁著有一段時間只有兩人在時，乘間自寬大的袖袍中，獻出一個黃金大餅，懇請照顧升官，低聲說：「沒有旁人知道。」

褚彥爽直回答道：「你如確應得官，就不必要送此重賄，官位必然會是你的。如果一定要送，我是尚書，不得不向皇帝奏報。」

來客聽了，大為惶恐，收起金餅，告辭走了。

【原文】

褚彥回，素有清譽。宋明帝即位，任吏部尚書。有人求官，寬袖中將一金餅，因求請間，出金，曰：人無知者。彥回曰：卿自應得官，無假此物。若必見與，不得不相啟。此人大懼，收金而去。——宋、費樞：《廉吏傳》、卷下。又見：唐、李延壽：《南史》、卷二十八、列傳第十八。

【餘音】

想要升官，獻上厚禮；我送你收，彼此歡喜。
好個彥回，居然拒取；史籍留芬，誰能相比。

14　李文博不肯受賞

　　隋代李文博，為官正直。適逢秦孝王妃生了個男嬰，隋高祖楊堅大喜，在朝中頒賞所有的大臣們，人人都有賞賜。

　　李文博家境欠亨，常鬧空乏，貧而受賜，應感歡悅。但李文博卻啟奏說：「國家賞罰的設置，乃是要衡量對方立功或犯錯的輕重標準而給予適宜的對待。今王妃生了一位繼位的小太子，大家都很高興。但對群臣來說，實在沒有任何功勞可言，哪裡可以胡亂接受賞賜？」

　　他力求賞罰不濫施，都是如此的認真評斷。

【原文】

隋代李文博，志尚正直。秦孝王妃生男，隋高祖大喜，頒賞群臣。文博家道屢空，人謂其悅，乃云：賞罰之設，功過所歸。今王妃生男，於群官何事？乃妄受賞也。——唐、魏徵：《隋書》、卷五十八、列傳第二十三。

【餘音】

文博家道屢空，卻不妄受賞賜；
倘若人人嚴遵，貪婪應可遏制！

15　王義方買樹再付錢

唐代有位王義方，官任御史，買了一棟住宅。搬遷入住幾天之後，覺得前庭大院中有兩株青桐樹，枝繁葉茂，綠意盎然，極為可愛，說道：「這樹我還沒有給錢。」

朋友說：「樹是隨住宅一起出賣的，沒聽說樹要另外給錢的先例。」

王義方說：「我只買下這棟住宅，文契上並沒有記載還包括大樹在內。」他再度請來售屋人，另外付給樹錢四千。

【原文】

王義方，官御史。買宅，數日，忽對賓朋，指庭中青桐樹一雙曰：此無酬直。親朋言：樹當隨宅，別無酬例。義方曰：吾只買宅耳，樹何所載？召宅主，付錢四千 —— 明、鄭瑄：《昨非庵日纂》、種德第三。又見：宋、歐陽修：《新唐書》、卷一百一十二。

【另文】

王義芳，詣京師，客有徒步疲於道者，自言：父宦遠方，病且革，欲往省，困不能前。義方哀之，解所乘馬以遺，不告姓名去。由是譽重一時。 —— 後晉、劉昫：《舊唐書》、卷一百八十七上。又見。歐陽修：《新唐書》、卷一百一十二。

【餘音】

品格高超的人，處事與眾不同。見人有難，解鞍贈馬，不告姓名，高品之一也。買宅愛樹，再給樹價，高品之二也。請多讀此篇。

16 南霽雲不敢不死

　　唐玄宗天寶末期，節度使安祿山擁兵叛國，戰禍延續多年，唐玄宗且避往四川。此期間，御史中丞張巡率兵與睢陽太守許遠，合力死守睢陽禦賊，被圍數月，外援斷絕，最後糧盡力竭，城陷被擒。

　　安祿山部將用利刀壓頸，脅迫張巡與許遠投降，張許二人誓不屈服，即將斬首。又逼降張巡部下協力守城同時被俘的大將軍南霽雲。南霽雲尚在猶豫，沒有即刻回應，顯示他仍在思索考慮。

　　張巡察覺不妥，當即對南霽雲大聲喊道：「南八！男子漢要死就死，不可為了偷生背義就屈服投降！」

　　南霽雲笑著回應道：「我正在想，能不能目前暫時虛假應付一下，權且詐降，然後相機另圖大舉？如今張公你說了急話，我哪敢不赴死以報？」

　　三人都一齊盡義而死。

【原文】唐代安祿山叛亂，張巡與許遠共守睢陽抗賊，城陷，賊以刀脅降巡，巡不屈，將斬之。又脅降大將南霽雲，雲未應。巡呼雲曰：南八，男兒死耳，不可為不義屈。雲笑曰：欲將以有為耳。公有言，雲敢不死？即不屈 —— 唐、韓愈：《張中丞傳後序》。又見：歐陽修：《新唐書》、忠義傳。又見：劉昫：《舊唐書》、南霽雲傳。

【餘音】張巡許遠殉國，《正氣歌》就有「或為睢陽齒」之頌語，不須多贅。筆者認為大將軍南霽雲絕無遜色。他這種臨危不亂不懼，且有意另謀打算，一聽張巡之正言，轉而談笑赴死，史書上還未見有第二個。似此等忠烈雄豪的壯士，豈僅是一介武夫而已哉？

17 爾俸爾祿民膏民脂

唐朝末年，國勢衰頹，天下成為五代十一國的分裂局面。十一國中有個「後蜀」，建都於四川成都（前蜀後蜀均建都於四川，故四川稱蜀），建國者為孟知祥，傳到其子孟昶，被宋太祖趙匡胤滅了。

孟昶在位時，於該國廣政四年，御製有「令箴」二十四句，頒行於境內。宋太祖攻滅後蜀，乃摘取其中四句計十六字云：

「爾俸爾祿，民膏民脂。下民易虐，上天難欺。」

宋太祖將上列四句警語，取名為「戒石銘」，頒行天下，刻成石碑，豎立於全國各州縣官衙門大廳之右側，作為官箴，晨夕見之，引以為戒。

【原文】

五代後蜀孟昶，在廣政四年，著《令箴》二十四句，頒行於境內。宋太祖滅蜀後，摘取其中四句，計十六字：「爾俸爾祿，民膏民脂。下民易虐，上天難欺」。更名為「戒石銘」。——宋、張唐英：《蜀檮杌》，又名《外史檮杌》，足以補五代史之遺漏。

【餘音】

官位不論高低，都應以服務人民為目的，俸祿也是來自人民的納稅金。卻見有些官老爺，頤指氣使，視人民為奴僕，人民要聽從的是我，而不是法。但願即時痛改，奉戒石銘為規箴。

18　晏殊請求另出題

　　北宋晏殊，富弼是他女婿。范仲淹、孔道輔、韓琦、歐陽修都出自他的門下，卒謚元獻。

　　當他少年時還未獲得功名，張文節向朝廷推薦他，因此召到京都，又恰逢天子殿前御考進士，就要他參加考試。

　　晏殊一看試題，便啟奏說：「這個題目，我在十天前就已模擬作過一篇賦文，詞稿還在，請皇上另外出題。」

　　這種誠實風格，皇帝甚為欣賞。當然，考試通過了，到宋仁宗即位後，晏殊乃任為宰相。

【原文】

晏元獻公為童生時，張文節薦之於朝廷，召至闕下，適值御試進士，便令公就試。公一見試題，曰：臣十日前已作此賦，有賦草尚在，乞別命題。上極愛其不隱。—— 宋、沈括：《夢溪筆談》、卷之九、人事一。

【餘音】

晏殊說老實話，似乎是位憨士，但他也是性情中人，有《珠玉詞》傳世。他寫的「無可奈何花落去，似曾相識燕歸來」名句，至今傳誦不衰。另外「昨夜西風凋碧樹，獨上高樓，望盡天涯路」，王國維《人間詞語》說近乎詩經的蒹葭篇。令人佩服。

19 王曾恩不歸己

北宋王曾，品德端正。在宋仁宗時代，掌理國政，長達十年。此期間，升官的和撤職的官員，不計其數。表面上都是奉到皇帝的聖旨所諭而升降的，卻不知道全是王曾在幕後主導的。他深自韜晦，從不張揚。

同朝大臣范仲淹與他交誼甚密，偶然把此事請問王曾。王曾坦率回道：「如果執政者都把有善有恩的事歸功於自己，那些有錯有怨的事又推給誰去承擔呢？」

范仲淹十分佩服。

【原文】

王曾前後輔政十年，其所進退士人，莫有知者。范仲淹嘗以問曾。曾曰：夫執政者恩欲歸己，怨使誰當？仲淹服其言。 ── 清、畢沅：《續通鑑》、宋紀、仁宗。又見：趙伯平：《續通鑑雋語》、宋紀、仁宗。又見：明、鄭瑄：《昨非庵日纂》、汪度第十。

【另文】

漢代張安世，每舉薦賢達，不令其本人知之。或有詣門申謝者，安世亦終身不見。恨曰：「豈有拜官公庭，謝恩私門乎？」 ── 唐、李冗《獨異志》張安世條。

【餘音】

做了好事，大眾獲益，主持人可以書面或口頭作功蹟報告。但對人事的升遷進退，會有喜有怨，主持人不可以洩密說這乃是我的決定。王曾是佳範。

20　劉居正嚴教獨生子

宋代劉摯，字莘老。歷官尚書、右僕射。喜好讀書，進入老年仍手不釋卷。

他是獨子，小時候，父親劉居正管督很嚴，教他唸書，每天從早到晚，從不休息。有朋友勸他父親說：「你只有這一個獨生子，難道完全不愛憐他，逼他唸書要這麼嚴緊嗎？」

劉居正答道：「我就是因為只有一個兒子，一點也不能縱容鬆懈！」

後來劉摯官拜御史，職司彈劾不法。由於他的正言屬色，朝廷裡裡外外，都肅然守紀。當時人將他比為包拯與呂誨一樣的嚴正。

【原文】

宋，劉摯，兒時，父居正課以書，朝夕不少間。或謂：君止一子，獨不加恤耶？居正曰：正以一子，不可縱也。後摯官御史，正色彈劾，中外肅然。時比包拯呂誨。 —— 元、托克托：《宋史》、卷三百四十、列傳第九十九。又見：明、蕭良友：《龍文鞭影》、二集、下卷、劉比呂包條。

【餘音】

獨子更須嚴教，纔能琢成好料；
贊與包呂齊名，父在九泉含笑。

21　林積歸還珍珠袋

　　宋代林積，少年時，前往京都，中途在河南省蔡州，住進旅館過夜。入睡時，覺得枕頭床褥下有硬物瓦著，掀開一看，有一個錦囊袋，想是昨夜房客遺留的，袋中裝有晶瑩珍珠數百顆。

　　第二天，林積請問店主人：「這房間前天是何人住過？」店主人說是某某人，一位富有的商客。林積說：「原來是他，他是我的朋友。如果他再來這裡，請轉告他可到京都大學堂來找我。」林積又在房間裡牆上留言道：「某年某月某日，林積在此住宿。」然後才繼續上路。

　　那商人前去某一大城，打算賣掉珍珠，採購貨物。打開行李包檢查，珍珠袋不在，趕忙循舊路尋找。一直回到蔡州旅館，店主人告知他，又在前住的客房牆上看到林積寫留的文句，就趕到京城，拜會林積。

　　林積說：「珍珠原封未動，請你向官府投狀，我會在公堂上全數歸還。」商人依囑照辦，林積交出原袋珍珠。但府尹諭知應由兩方平分。林積堅決拒絕，說道：「我林積如果稍有貪念，當時就不必張揚，全部據為己有，不就得了。」他一顆也不要。商人沒法勉強他，便另外拿出好幾百個「千文」，請佛教大寺舉辦大法會，為孤貧消災，也藉此為林積增添福祐。

【原文】林積，少時入京師，至蔡州，入旅邸。既臥，覺床笫間有物逆其背，揭席視之，見一錦囊，盛珍珠數百顆。明日，詢店主曰：前夕何人宿此？店主告，乃巨商也。林曰：此吾故人，若復至，令來上庠相訪。又題其名於室曰：某年某月某日，林積宿此。遂行。商人至一城，取珠欲賣，則無有。急循故道尋之。至蔡邸，見題字，即訪林於上庠。林告曰：原珠俱在，請投牒府中，當悉以歸。商如其教，林盡以珠授商。府尹使中分之，林不受，曰：使積欲之，前日已為己有矣。秋毫無所取。商不能強，乃以數百千文請佛寺作大齋，為林積祈福。——宋、李元綱：《厚德錄》。又見：清、允祿：《子史精華》、品行部、度量、歸錦囊珠條。

【餘音】滿袋珍珠，無價之寶；一毛不要，佳範難找。

22　陳堯咨善射

　　宋代陳堯咨，善射箭，自號小由基，卒諡康肅。

　　他的箭法很準，在當時是獨一無二的，他也以此而自命不凡。有一次，他在家中後園裡射箭，有個賣油的老翁放下油擔，站在園邊，斜著眼睛，看他射箭，好久還不離開。看他發箭，十次有九次都能射中紅心，但也只微微地點一點下巴。

　　陳堯咨看在眼裡，覺得怪異，走近問道：「你也懂得射術嗎？我的箭法不是很高超嗎？」老翁卻淡然回答說：「這也沒甚麼稀奇，只不過是手熟而已！」

　　堯咨聽了很生氣，忿然斥道：「你怎麼敢小看我的射術？」

　　老翁說：「請瞧一瞧我酌油的手法就知道了。」說著，就拿出一只空的葫蘆放在地上，那葫蘆是肚大口小，他又將一枚銅錢，蓋在葫蘆口上，那銅錢是外圓內方，中央有個四方空洞，以便穿串，故又稱孔方兄，這枚銅錢，正好封住了那葫蘆口。

　　老翁再拿出一個半圓形的油杓，裝滿油，在葫蘆的正上方，相距約一尺高，他徐徐地轉動油杓，杓內的油，慢慢地從杓邊滴向葫蘆，只見油線自錢孔流入，而錢孔卻沒有沾濕，這一杓油注完了，老翁解釋道：「我這種玩法也沒甚麼，只是手熟吧了。」

　　陳堯咨笑了一笑，溫和地打發老翁走了。

【原文】陳堯咨善射，當世無雙，公亦以此自矜。嘗射於家圃，有賣油翁釋擔而立，睨之，久而不去，見其發矢十中八九，但微頷之。堯咨問曰：汝亦知射乎？吾射不亦精乎？翁曰：無他，但手熟耳。堯咨忿然曰：汝安敢輕吾射！翁曰：以我酌油知之。乃取一葫蘆置於地，以錢覆其口，徐以杓酌油瀝之，自錢孔入，而錢不濕。因曰：我亦無他，唯手熟耳。堯咨笑而遣之。——歐陽修：《歐陽文忠公集》。

【餘音】堯咨箭法精，遇上賣油翁。兩都了不起，應知須彌山上，另外尚有三十三層天的佛理。

23　蔣惟吉痛改不肖

宋代蔣惟吉，是蔣居正的兒子。平時惟吉的品行不良，連皇帝都知道了。

當他父親蔣居正逝世時，宋帝親臨喪宅致祭。行禮既畢，宋帝留著眼淚問道：「蔣卿的那個不肖兒子在哪裡？如今是不是稍許改掉一些不良行為了？如果還沒改，就沒法繼承和擔負起他先父的基業，怎麼辦呢？」

此時，蔣惟吉正披麻戴孝，匍匐在靈堂之側，跪地不起。他親耳聽到皇帝的諭言，悽然悚懼，羞愧得不敢抬頭站立起來。

這其實是一種善意的關懷。蔣惟吉受此刺激，乃痛改前非，立志向善。苦讀經史，交結賢良，加以提振節操，力爭上游，皇帝也知悉了，派他去經理邊務，委以藩鎮之任，都治理得很妥善。

【原文】宋、蔣惟吉，蔣居正之子也，素無行。居正卒，帝親臨其喪，為之流涕，曰：不肖子安在？頗改節否？若未改，不克負荷先業，奈何？惟吉伏喪側，懼赧不敢起。自是盡革故態，讀書，親賢士，修節為善。其後、帝委以大藩，所到皆治。
──明・蕭良友：《龍文鞭影》二集・上卷・惟吉不肖條。

【餘音】好人變壞人容易，只要把廉恥丟棄，任性妄為；但求謀財騙色，訛詐詭欺，哪管他背後罵人，我都毫不在意，豈非得計？至若壞人要轉變成好人就難了，必須斬除私念，嚴守戒條，寧可吃虧，狠心歸正乃可。這要受到大刺激，才有大轉變，才會痛切回頭。如果一旦向善，由於身是過來人，諸般誘惑都被看透而失效，乃會變得堅強端定，真正轉型成為好人了。本篇「惟吉不肖」，是個好例。

24　鄭思肖畫蘭不畫土

　　南宋時代，有位詩人兼畫家鄭思肖，字所南，福建連江人。生來就賦有純誠的品格，忠貞篤直，剛正耿介。南宋亡後，隱居在蘇州。

　　鄭思肖長於畫蘭花，進入元朝後，他畫蘭露出鬚根，沒有泥土遮掩。有人問他是何原因？鄭思肖答道：「國土已為番人奪去，你還不知道嗎？」

　　他終身未曾結婚，後來病重了，囑咐朋友唐東嶼說：「請你為我立一牌位，簡明寫出：『大宋不忠不孝鄭思肖』，略舒我的罪愆。」說畢就絕氣了。

【原文】

南宋詩人畫家鄭思肖，字所南，福建連江人。生有至性，忠直剛介。宋亡，隱居蘇州。善於畫墨蘭，入元後，畫蘭不畫土。或詰之，則云：國土已為番人奪去，汝猶不知耶？終身未娶，疾亟，囑友人唐東嶼為書一位牌，曰：大宋不忠不孝鄭思肖。語訖而卒。——《鄭所南文集》。又見：明、程敏政輯：《遺民錄》、鄭思肖。

【餘音】

肖字隱射趙字，暗示思念趙宋。思肖愛國之忱，畢生難盡，畫蘭無土，寓意深重。

25　元明善拒受金

　　元代有位元明善，在元仁宗朝任翰林直學士。元朝國勢強盛，常派特使赴外國訪問。元明善被派為外交副大使，去訪聘交趾國（即今越南北部地區）。至於正大使，則是一位元朝本族的蒙古人。

　　訪問過程圓滿結束了，回程臨別時，交趾國王挑選出成色最足的黃金，分贈正副大使。正大使收下了，副大使元明善卻拒受。

　　交趾國王說：「這是敝小國的薄禮，獻給上國欽使。如今正大使已經全收了。你元公以副使之尊，禮物理當相同，誠心祈請笑納。」

　　元朝善婉釋道：「此事應有不同的解說：我們的正使收受了，那是不想峻拒你的美意，好安撫小國的心，他的收受是有理由的。至於我嘛，我可不應收受。因為我身為副使，代表元朝上國，自當彰顯泱泱大國的氣度和保全中原上國的體統，也就是不應收取那不能要的額外贈禮，因此我這不受的理由，不也是蠻充足堂皇的嗎？」

【原文】

元代元明善，嘗副一蒙古正使出使交趾。及還，國王贐以兼金，蒙古受之，明善不受。國王曰：彼正使已受之矣，公何面辭？明善曰：彼所以受者，安小國之心，我所以不受者，全大國之體也。——明・蕭良友：《龍文鞭影》、初集、卷下、明善辭金。

【餘音】

偉哉元明善，守正拒贈金，說詞最婉愉，三面都歡心。

衛獲了正使，安慰了交趾，潔愛了己身，大家請諦聽。

26 劉大夏蓋棺才論定

明代有位劉大夏，字時雍。進士出身，曾建草堂於東山，時人稱為「東山先生」。卒諡忠宣。

明孝宗很器重他，任官為尚書。劉大夏說：「擔任官職，就須效忠國家，服務百姓。凡事都該以『正己』為先，不單是要戒除私利，而且要遠離虛名。」

他又說：「人的一生作為，須待死後蓋上棺材板，方可定其斜正。如果一天未死，就須擔憂這一天責任未了。」

另有一位官任巡撫的大員，自百里之外趕來拜會劉大夏，到了目的地，因不認得路，見道旁有位耕田的人，巡撫請問他何處是劉尚書家？這人領他進劉府，入內換衣，重回客堂相見，才知道這位領路人就是劉大夏。

【原文一】劉大夏，遇知於明孝宗，官尚書。大夏嘗言：「居官以正己為先。不獨當戒利，亦當遠名。」又言：「人生蓋棺論定，一日未死，即一日憂責未已。」有巡撫枉百里謁之，道遇扶犁者，問孰為尚書家？引之登堂，即大夏也。—— 《明史》卷一百八十二、列傳第七十。

【原文二】古人說：「蓋棺論始定，不可以一時之譽，斷其為君子。也不可以一時之謗，斷其為小人。」—— 明、馮夢龍《警世通言》四。

【餘音】林語堂說：「腐蝕人品的毒害有三：一是貪利，二是好名，三是弄權。」人若未死，善惡尚難遽判，故須待蓋棺論定。白居易《放言五首》詩云：「周公恐懼流言日，王莽謙恭未篡時，向使當時身便死，一生真偽有誰知？」此話不虛也。

27　鄭曉受茗又還茗

　　明代鄭曉，嘉靖進士，當他任職吏部時，文官的選拔，都由他來掌理。有位官員特意到私宅來拜會他，帶來一個筐盒，盛滿了茶葉，香茗下面，卻埋藏了一批黃金首飾，想要暗中送賄，外表看不出來，作為晉謁的禮物。

　　鄭曉憑一時直覺，以為只是一筐茗茶，便收受了，命丫鬟攜入內室給夫人收存。夫人試著撈起茶葉來聞香，無意中發現茗中藏有金飾，就命丫鬟傳話說另有他事請鄭曉入內，低語告知此一發現。

　　鄭曉不動聲色，將茗茶重新覆蓋完整，攜到前廳，從容婉言對來客說：「我起初，誤以為家中茗茶正好用罄了，所以領受你的惠賜，剛才回到內室，丫鬟說大櫃裡還有多箱茗茶，不好意思收受你的厚禮，原茗璧還，但仍要謝謝你的美意！」

　　茶筐退回訪客，令他帶走了。

【原文】鄭曉，為文選時，仕宦有餽黃金首飾者，承筐以將，而上覆以茶茗。公直謂茗也，受之。入夫人手，撥茗知之，語公。公不動聲色，第整理其茗，覆筐如初。出召其人曰：吾初以家適乏茗，故拜君惠。頃入內詢，家中尚有餘茗，心謝尊意矣。授之，令持歸。——清、史玉涵：《德育古鑑》、功過案、性行類、鄭曉條。

【餘音】原《德育古鑑》文末有評曰：「清者極易刻，廉者多好名。鄭曉無二者之病，而又出之從容謙婉，反覺楊震之『四知』，直而寡趣。」這六句話，簡明而中肯。只可惜知曉此事者似不多見。本篇摘自罕見之雜書，有幸樂於留此佳範。

28　史可法四十無兒

明代史可法，明思宗時進士出身，後任官為太子太保、太子太傅、太子太師。滿清大兵南侵，他督師在揚州抗敵，城破，可法殉難。

那時他已是四十多歲了，還沒有子女。延續香火之傳是極為重要的事，絕後是最大的不孝。妻子建議他納妾，生個兒子來傳宗接代。史可法歎道：「國家方在危難之秋，自己的生死都已置之度外，哪還有餘暇來考慮兒女傳承？」

他在揚州，領軍保城抗清。到除夕了。還在軍營中撰寫奏報皇帝的稟牘，熬到半夜了，一時感到疲乏，就想找點殘酒來提神。廚司說：「殘酒還剩有小半瓶。過年本來有肉，但除夕晚餐時已經都分給軍士們去團年辭歲，沒有餘留，無物可以佐酒了。」

史可法就找來一些鹽豆豉，一面下酒，一面思量衛國之大計。

【原文】史可法，崇禎進士，歷官太子太保、太子太傅、太子太師。年四十餘，無子。妻欲置妾，可法太息曰：國事方殷，敢為兒女計乎？在軍中，歲除，撰文牘，夜半倦，索酒。庖人曰：殘酒還剩半瓶，餘肉已分給戰士，無可佐者，乃取鹽豉下之。——清、張廷玉：《明史》、卷二百七十四、列傳第一百六十二。

【餘音】史可法國爾忘家，彰於「史」籍。志節高卓，丕烈「可」欽。死且無後，忠義堪「法」也。

29 曾國藩不做皇帝

清代咸豐同治年間，太平天國崛起，席捲東南十餘省，定都南京，清室搖搖欲墜，全賴曾國藩領導的湘軍，經過十五年的征戰，才告平定。曾氏當時舉足輕重，清廷的命運，完全掌握在曾國藩手中。

相傳王闓秋、胡林翼、彭玉麟都勸曾自為。王闓秋多次進言：「與其出死力替別人爭天下，何不自己來創業垂統？」嚇得曾國藩不敢答話，只是用手指醮杯中茶汁，一連寫著不少的「妄」字。

蕭一山《清代通史》中也有下列紀述：據楚狂《投筆漫談》云：胡林翼來謁國藩，胡臨行，遺一紙條於案次。公方去送胡、余偶趨視，則赫然是「今東南半壁無主，我公其有意乎？」余驚駭，即退離室。俄而公入室，當必看到此紙條。

另有《清人遺事》云：安慶克服後，彭玉麟遣人迎曾文正東下，以密函呈云：「東南半壁無主，老師豈有意乎？」文正臉色立變，急言曰：「不成話，不成話！雪琴還如此試我，可惡，可惡！」撕而團之，納於口而咽焉。

左宗棠題神鼎山聯云：「神所憑依，將在德矣；鼎之輕重，似可問焉（神鼎二字嵌頂）。」送稿請曾刪改，曾將「似」字改為「未」字，原稿遞還。

【原文】現代、吳伯卿：《近代人物與史事》、第四十、近代大儒王闓秋。文句同上。

【餘音】湘軍克服南京後，確有陳橋擁立之議。曾國藩何以不做皇帝，蓋有其立品修身之道存焉。

30　譚延闓樂受譏諷

　　三任湖南督軍，兩任國民政府主席的譚延闓，湖南茶陵人。他才兼文武，討袁北伐諸役，都有戰功。

　　民國十八年，是他五十歲壽誕。湖南有位文人張冥飛，撰了一篇祝壽文來挖苦他：

　　「茶陵譚氏，五秩其年（五十歲了），喝紹興酒（譚之酒量豪），打太極拳（長於推拖）。寫幾筆嚴嵩（明代奸臣）之字，做一生馮道（馮做過四姓宰相，無恥）之官。用人唯其人，老五之妻舅呂（任媳婦兄弟為官）。內舉不避親，夫人之女婿袁（給女婿任官）。……」

　　這篇祝文，尖酸刻薄。經報紙傳播，大家都引以為笑談。

　　譚延闓看到了，竟然寄發請帖，邀張冥飛為宴會主賓，還請諸要人如魯蕩平等作陪。

　　張冥飛自知惹了大禍，國府主席柬請，又不敢不往。哪知在見面時，譚竟以上賓待之，而且說：「足下才是我的諍友，當今人人都恭維我，足下有膽罵我，真是難得。湖南有你這樣的高才，我譚延闓不知，深為抱歉。……」還要任以官職。

　　事後，張冥飛說：「譚公氣度恢宏，真是宰相肚裡好撐船也。」譚逝世時，張冥飛往弔，撫棺痛哭，知者莫不感動。

【原文】民 43 年《中華民國誌年鑑》，台大圖書館珍藏。文意同上。

【餘音】國府主席譚延闓，度量超越普通人；
　　　　　見此尖酸諷刺文，竟能開懷大包容。

31　換個點石成金手指

有位神仙降臨到人間，他有點石成金的法術，想找一個貪財少的，來引度他成仙。他到處找也找不到這樣的人，即使指著石頭變成黃金，對方總是嫌它太小而不滿意。

最後遇到一個人，神仙指著一塊石塊對他說：「我把這石塊變成黃金給你用吧！」那人搖頭表示不要。神仙以為他是嫌小，又指著另外一塊大石說：「我把這最大的石塊變成黃金給你吧！」那人仍然不要。

神仙心想，此人一點貪財的心都沒有，實在難得，應可度他成仙。於是問他：「你大小黃金都不要，想要甚麼呢？」那人伸出一個食指，對神仙說：「我別的東西都不要，只要老神仙把你這根點石成金的手指頭，換到我的手指頭上，我就十分滿意了。」

【原文】有一神仙到人間，能點石成金，要尋個貪財少的，度他成仙。遍尋沒有，雖把大石變金，對方只嫌不夠。最後遇一人，仙指石謂曰：我將此石點它成金給你用吧！其人搖頭不要。仙意以為他嫌小，又指一大石曰：我把此最大的石，點金給你吧！其人仍搖頭不要。仙翁心想：此人貪心全無，就當度他成仙，因問曰：你大小金都不要，卻要甚麼？其人伸出手指曰：我別的都不要，只想要老神仙的這個手指頭，換在我的手指頭上，我就滿意了。——石成金：《笑得好》。

【餘音】起初不要小錢，最後才露出真面目，想要無窮盡的錢，這是貪財中的最高級。「周公恐懼流言日，王莽謙恭未篡時，向使當時身便死，一生忠偽有誰知」，便是個旁證。大家都可能遇到這種人，初期會佩服他是個佳君子，到後來原形露出，才知是個大壞蛋。你我眼睛睜大一點去瞧好嗎？

32　林肯蓋堡講詞

美國南北戰爭打了五年，以賓州蓋第斯堡之戰傷亡四萬人最為慘烈。戰後舉行追悼大典，特請曾任哈佛大學校長，後任國務卿的大演說家艾威瑞特任主要演說人。他口若懸河，掌聲不斷，精彩極了。

最後，基於禮貌，也請與會的總統林肯（Abraham Lincoln 1809-1865）以國家元首之尊致詞。他拿出一份講稿，是臨時在火車上於途中寫的，開頭直說：

「八十七年前，我們的祖先，在這大地上，創建了一個新國家，獻身於『人人生而平等』的理念。」

整篇講詞，只有十句話，三分鐘就講完了。文字記者和攝影記者還沒擺好架式，林肯已經講畢下台了。大家認為是一次短命的演講。

這篇蓋第斯堡講詞（Gettysburg Address）事後公佈，才敬佩其文詞簡練，思維高尚，確是不朽之名言，後來用大字雕刻在華京林肯紀念堂的高牆上。其中有一句：

「這個政府，是屬於人民的（政府為人民所共有），為人民所選出的（官吏受人民選舉管治），替人民服務的（成果讓人民享受）。」

孫中山先生在民國 13 年 6 月演講中，就提到林肯這句話，他說：

「林肯這句話沒有適當的中譯，我把它解釋作『民有、民治、民享』，就是兄弟我所主張的民族、民權、民生主義。」

孫林二位，都是大偉人，各自閃耀出俊慧光芒，令人永遠敬佩。

【原文】前段節譯自《英文百科全書》（The Encyclopedia）中的林肯和蓋堡講詞兩章。後段摘自近代，吳相湘《孫逸仙先生傳》。

【餘音】孫林兩國父，自有其卓越之處。

33　那不是米蟲嗎

我在三十歲時，對生命有太多困惑。我自覺對社會毫無貢獻，生命沒有意義。生命、我堅持一定要有貢獻才要留著。沒有貢獻，留著幹甚麼？那不是米蟲嗎？

我哥哥問我：「你這一生最大的抱負是甚麼？」我說：「我願意像蠟燭一樣，燃燒自己，照亮別人。我願意把生命奉獻給每一個人，我希望能幫助每一個人。」

【原文】
近代・丁原俠：《破繭而出・第一章，二・我的醒覺》。文字同上。

【餘音】
人群中大致可分為三類：第一類自私自利，損人以肥己，這是壞人，愈少愈好。第二類欠缺才華，沒有作為，雖不害人，也無力助人，活著徒然在白耗糧食，只是個米蟲，這是庸人，一生虛度。第三類貢獻己長，服務社會，犧牲奮鬥，以澤及大眾為職志，這是賢人，愈多愈佳。但願賢人日增而壞人日減，大家多享幸福。

34　五元和五百元

　　（一）「追還五元」：我買了一盤炒麵，丟下二十五元，提起麵盒就走。行了八九步，後面有人拍我肩膀，回頭一看，原來是賣麵的店主追來，對我說：「先生，你多給了我五元，還你！」我說：「沒有多給嘛，我在別家買，都是二十五元啦。」店主說：「我的麵只要二十元，你多給了五元，一定要退還給你！」他不顧還有人等著買他的麵，如此誠實，今時少見，令我好不感動。

　　（二）「多了五百元」：我母親從玉里返花蓮，在途中買了一些水果。回家後，發現找回的錢數裡多了五百元。想起來是果農多找的錢。媽媽不安地說：「我多了這五百元，不會富有。但果農如要賺回這五百元，不知要再種多少水果才夠？」她竟專程長途開車一個多小時去退錢，這真是身教的良範。

【原文】

（一）見 2007、1、28、聯合報副刊。

（二）見 2007、12、13，聯合報繽紛版。文詞同上。

【餘音】

平凡的人群中，隱藏著不少的端人君子，行善沒人知曉，有幸能見報的必竟不多，卻都令人感佩。

35 不要計較

日常生活裡，多有人喜歡與別人比較，甚至嫉妒，自己內心充滿著猜忌、忿恨，整天被貪嗔、計算所束縛，就好像生活在地獄裡。

如果我們能夠保持一顆明淨的善心，開闊的胸懷，包容一切，使心念趨向正道，當下就會像活在天堂裡。

「成佛希賢，端賴一心。墮落輪迴，繫乎一念。」一念之隔，聖凡立現。

【原文】

錄自星雲大師《人間佛教語錄》，文字同上。

【另文一】

不怕別人瞧不起，就怕自己不努力。 —— 俗諺

【另文二】

不戚戚於貧賤，不汲汲於富貴。 —— 晉，陶淵明《五柳先生傳》

【餘音】

要想事事勝過別人，是不可能的。你雖已富甲天下，兒孫滿堂，貴為總統，得了諾貝爾獎，奧運金牌，吃盡山珍海味、登陸月球，漫步太空，但仍不會滿足，因為你還憂思能不能活過 120 歲。若如此自惹煩惱，久無解脫，那真還比不上一些窮人一無所有、一無所求，卻天天唱歌快樂，日子比你過得愜意多了呀。

36 你怎樣待人

　　耶穌說：「你希望人怎樣待你，你也必須怎樣待人。再者、每棵好樹都結好果子，唯有壞樹才結壞果子。因此，憑著他們的果子，我們必能認出他們來。還有、並非每個對我說主啊主啊的人都能進天國，唯有遵行我在天之父的旨意的，才能進去。」

【原文】
《摩門經・尼腓三書・第十四章》。文句同上。

【另文】
你有許多好朋友，勝過有許多財富。 —— 英國劇作家莎士比亞（William Shakespeare 1564-1616）

【餘音】
摩門經（Book of Mormon）是僅次於聖經的重要經典，是先知摩門受神的啟示刻寫在金板上，後由約瑟・史密斯（Joseph Smith）譯成英文。摩門教實際名稱是「耶穌基督末世聖徒教會」，大本營在美國猶他州鹽湖城。本篇箴言，凡是端人，都該信守。

37 我有歡喜才可貴

世界上不少的人有金錢、有名位、有富貴,都不重要。重要的是,我有「歡喜」,這才可貴。

如果擁有了世界上的一切而不歡喜,人生有何意義?

「歡喜」讓這個世界充滿了色彩。「歡喜」讓我們的人生充滿了希望。

沒有「歡喜」而只有憂愁,是不懂得生活;有「歡喜」也有悲憂,此乃人之常情。

要能把「歡喜」佈滿人間,才是最有智慧的處世之道。

【原文】
選自星雲法師(1927-   )《人間佛教語錄》

【另文】
歡喜聞人之過,不若歡喜聞己之過;歡喜道己之善,何如歡喜道人之善。 —— 清・金纓《格言連璧》接物

【餘音】
星雲法師之言,甚有至理。但「歡喜」仍只是一個選覓目標而顯示偏好的動機,究竟他歡喜甚麼?這才是目的。假如歡喜搬弄是非,歡喜沽名釣譽,這都不好。另如歡喜救貧恤困,歡喜主持正義,且帶領大家走向正道,這才高尚。

求 知 第 二

38 甯越苦學成帝師

遠在從前周代，在中牟地方，有位鄉下人，名叫甯越。他覺得耕田很勞苦，因而問朋友道：「有甚麼方法可以免掉下田的辛苦呢？」

朋友說：「莫如讀書求知。讀二十年，就可通達一切了。」

甯越說：「我打算用十五年來苦學。別人要休息，我不休息。別人要大睡，我不敢多睡。我要把二十年該學的在十五年內完成。」

他發憤苦讀，經過了十三年，學識大進，卓然成名，西周威公尊他為老師。

【原文】

甯越，中牟鄙人也。苦耕之勞，謂其友曰：何為而可以免此苦也？友曰：莫如學。學二十年，則可以達矣。甯越曰：請十五歲。人將休，吾不敢休。人將臥，吾不敢臥。歷十三歲，學成，而周威公師之。—— 呂不韋：《呂氏春秋》、博志篇。又見：劉向：《說苑》、建本。

【餘音】

欲求真學問，要下死功夫；甯越不休息，威公尊為師。

39　張安世又稱張三篋

　　西漢時期，張湯之子張安世，字子孺，杜陵人，博學。漢武帝往河東巡察，在途中有三篋書籍遺失了。武帝詢問隨行的大臣們，都不能述說這些書籍的內容。唯有張安世全都知曉，且能整冊背誦，而且逐一書寫下來。之後，覓到原書，兩相校對，無一字錯漏。因此大家贊他為「張三篋」。

　　漢武帝任他為尚書令，漢昭帝封他為富平侯。

【原文】

漢張安世，字子孺，杜陵人。博學。武帝幸河東，亡書三篋，詔問群臣，俱莫能知。唯安世悉識之，具錄其文。後得書相較，一無所遺，因號張三篋。擢尚書令、富平侯。── 東漢、班固：《漢書》、張湯傳。

【餘音】

三篋書籍，都能背誦，真是難得。如果代為計算：每篋所裝書籍，若略 20 冊，三篋共 60 冊。可包含十三經 13 冊，史籍則漢代只有春秋、左氏、公羊、穀梁 4 種，其餘則為諸子百家雜書 43 冊，這其中定有不少的罕書，張卻全都背誦得出，默寫無一遺漏，似乎多少有些誇張吧？

40 董遇說學趁三餘

有人想要向董遇求學,董遇初不肯教,只說:「你且先讀它一百遍。」又補充說:「你若讀它一百遍,書中的意義,自會顯現。」

這人說:「你的話,很有理。只是我苦於騰不出時間來讀書呀!」

董遇答道:「你可以善用『三餘』的時間嘛!」

對方問:「三餘是何意義?」

董遇釋道:「三餘就是三種空餘的時間:冬天,沒有多少農事,這是一年裡的空餘時間。夜晚,不便下田勞動,這是一天裡的多餘時間。雨天,不好出外幹活,這也是另一種剩餘的時間呀!」

【原文】人有欲從董遇求學者,遇不教而云:「必當先讀百徧。」又言:「讀書百徧,其義自見。」從學者云:「苦難得暇日。」遇言:「當以三餘。」或問三餘之意,遇言:「冬者歲之餘,夜者日之餘,雨者晴之餘也。」——見《三國志‧卷十三、魏書,董遇小字注》。

【另文一】三映:①映月:南齊江泌,家貧,好讀書。夜間無燭,藉月亮清光映照讀書。見《南史‧江泌傳》。又宋代陸佃,窮困好學,夜晚映月讀書。見《宋史‧陸佃傳》。②映雪:晉代孫康,家貧。冬天夜晚,藉白雪反光勤讀。見《文選‧任昉‧為揚州薦士表》。③映光:即鑿壁偷光。西漢匡衡,好學而無燭。見鄰舍燃有燭光,衡乃鑿壁穿孔,引進隔鄰之餘光,衡即映光而讀。見:晉‧葛洪:《西京雜記‧二》。

【另文二】三知:孔子曰:「生而知之者,上也。學而知之者,

次也。困而學之，又其次也。困而不學，民斯為下矣。」見《論語・季氏第十六》。

【另文三】三不：孔子曰：「吾嘗終日不食、終夜不寢，以思，無益，不如學也。」見《論語・衛靈公第十五》。

【另文四】三墳：左史倚相趨過，王曰：「是良史也，子善視之。是能讀三墳五典，八索九丘。」按三墳指伏羲、神農、黃帝的書。見《左傳・卷廿二・魯昭公十二年》。

【另文五】三日：初、孫權謂呂蒙曰：「卿宜多讀書。」蒙乃勤於學，篤志不倦，其所覽見，舊儒不勝。後，魯肅見蒙，與語，肅常受窘，坿其背曰：「君學識英博，已非吳下阿蒙。」蒙笑曰：「士別三日，即當刮目相看，兄何見事之晚耶？」孫權嘗歎曰：「人思進益，如呂蒙，蓋不可及也。位已榮顯，更能折節好學，耽悅書傳，不亦休乎？」見《三國志・卷五十四・呂蒙》。

【另文六】三到：「余嘗謂讀書有三到：即心到、眼到、口到。三到之中，口道最緊要。」見朱熹《訓學齋規・讀書寫文字四》。

【另文七】三上：「余平生所作文章，多在三上。乃馬上、枕上、廁上也。」見《歐陽修：歸田錄序》。

【另文八】三多：楊文莊公說：「學者當取三多：看讀多，持論多，著述多。」歐陽修謂：「為文有三多：看多、做多、商量多。」均見：宋、陳師道：《後山居士詩話》。

【另文九】三忌：讀書有三忌：一忌囫圇吞棗（含糊了事，不求甚解），二忌好高騖遠（程顥：學者厭卑近而騖高遠，卒無成就），三忌一曝十寒（曬一天，凍十天，缺少恒心）。見《秋暉雲影錄》。

【另文十】三月：子在齊聞韶，三月不知肉味。見《論語・子路第十三》。

【另文十一】三年：西漢大儒董仲舒，嗜讀，長期為弟子講課，

三年不窺花園。見《史記・儒林傳・董仲舒》。

【另文十二】三遷：孟子母仉氏，因住處環境不佳，三遷其宅，最後入住學堂之旁。孟子乃勤學不輟，終成亞聖。見漢・劉向：《列女傳・孟軻母》。

【另文十三】三害：西晉周處，原係壞人，鄉邑間稱他與猛虎惡蛟為三害。周處痛心悔改，入山殺斃猛虎，下水斬除惡蛟，己則勵志向學，不息不怠，終於官拜太守。見《晉書・周處傳》。

【另文十四】三惜：明代夏寅，力學不懈。嘗語人曰：君子有三惜：此生不學一可惜，此日閒過二可惜，此身一敗三可惜。世傳為銘言。見《明史》傳一百六十一・列傳第四十九。

【另文十五】三患：君子有三患：未之聞患弗得聞也。既聞之，患弗得學也。既學之，患弗能行也。見《禮記・雜記》。

【另文十六】三天：三日不讀書，便覺面目可憎，言語無味。見《晉書・殷仲堪傳》。

【另文十七】三法：讀書有三法：多看熟讀，一也。反覆體驗，二也。埋頭理會，三也。學者當守此。見：宋・朱熹《朱子語類・十》。

【另文十八】三難：吾人勤研經史，常有三難：淹博難、識斷難、精審難。見：清、戴震《與是仲明論學書》。

【另文十九】三更：「三更燈火五更雞，正是男兒發憤時；黑髮不知勤學早，白頭方悔讀書遲。」見唐・顏真卿《勸學詩》。

【另文二十】三讀：有些書，只要閱讀書中的一部份就可以了。有些書，可以全讀，但也不必過於細心地讀。還有少數的書，則應當深讀、勤讀，而且用心重覆地讀。英國哲學家培根（Francis Bacon 1561-1626）之銘言。

【餘音】讀書求知，是隨時隨地都可進行的，因此，你我都沒有藉口說找不出時間，也沒有理由去浪費時間。此刻當下，就立即用功吧！

41　阮修問衣服變鬼嗎

　晉代有位阮宣子，名阮修，官任太子洗馬。他與人談論到有鬼無鬼時，多人以為人死後，其精靈就變為鬼，阮宣子不以為然，認為無鬼。

　　他質問道：「曾經自認看到過鬼的人，都說鬼穿了與陽世間相同的衣服。如果人死了真正可能變成為鬼，請問那些衣服也能變成鬼衣給鬼來穿嗎？」

【原文】阮宣子論鬼神有無。或以人死為鬼，宣子獨以為無。曰：今見鬼者云著生時衣服。若人死有鬼，衣服復有鬼耶？——劉慶義：《世說新語》、方正第五。

【另文一】唐、林蘊，字復夢，泉州人。以臨汀多山鬼淫祠，民厭苦之，撰「無鬼論」。——歐陽修：《新唐書》、卷二百、列傳第一百二十五。

【另文二】人死不能為鬼也。自天地開闢以來，死亡者以億萬計。如人死為鬼，則道路之上，一步一鬼也。所謂鬼者，多說是死人精神所成，則應是裸體之鬼，不應穿有衣服，衣服乃由無生命之布帛縫成，其本質不可能變成鬼也。——王充：《論衡·論死》、人死不能為鬼。

【另文三】人死後，魂隸冥籍矣。然地球圓九萬里，國土不可以數計，其人當百倍中土，鬼亦當百倍中土。何遊冥司者所見，皆中土之鬼，無一徼外之鬼耶？——紀曉嵐：《閱微草堂筆記》、如是我聞（一）。

【餘音】何人見過鬼？恐是虛幻之談。請問：鬼要不要吃飯？從何處可以買到飯？若有人能帶領一鬼與世人見面，才會令人相信。

42 虞姓必當無智

南北朝時代，南朝是宋齊梁陳，相繼立國，陳是由陳霸先開國，陳國國內，有位名人虞寄，字次安，後來官任諮議。

虞寄少時就很聰敏，年輕時，某次有位客人來，要拜訪虞寄的父親，在大門外見到虞寄。客人一時高興，就對虞寄嘲笑說道：「郎君姓虞（虞愚同音），必當無智。」

虞寄反應快，隨即回應道：「你文字不辨，難道可以自認為非愚（原文是豈得非愚）嗎？」來客大慚。

客人進入廳堂，告知虞寄父親說：「你的這位兒郎，是個非常之人，即令那孔文舉的捷答，也未必會超過令郎也。」

【原文】

虞寄，少聰敏，年數歲，客有造其父者，遇寄於門，因嘲之曰：郎君姓虞，必當無智。寄應聲答曰：文字不辨，豈得非愚？客大慚，入謂其父曰：此子非常人，文舉之對，不是過也。──唐、姚思廉：《陳書》虞寄傳。

【餘音】

答得早，回得巧；年紀小，客贊好！

43　恨不十年讀書

　　南北朝時期的南朝，由劉裕開國，史稱南朝宋代。到宋明帝時，有位沈攸之，字仲達，為輔國將軍，到宋順帝時，官任開府儀同三司。

　　沈攸之雖已有一把年紀，仍然喜好讀書。他嘗歎息道：「早知窮達有命，恨不十年讀書！」

【原文】

沈攸之，晚好讀書。嘗歎曰：蚤知窮達有命，恨不十年讀書。
——明、曹臣：《舌華錄》、憤語第十四、沈攸之條。又見：元、林坤：《誠齋雜記》、末條。

【另文】

我從來不認為半小時是微不足道的很小的一段時間。——達爾文

【餘音】

求知沒有止境，天天都要用心；
如果你不使勁，事業恐難成功。

44 劉昞晝夜勤讀

南北朝時代的劉昞，字延明，在酒泉郡官任撫夷護軍之職。他雖政務繁忙，但仍手不釋卷，日夜勤讀。

五胡十六國的西涼開國國君李暠，對劉昞說：「劉卿，你把所讀的書，都詳細注釋，一字也不肯放過。白天如此，倒也不妨，但到了夜晚，還燒著蠟燭繼續苦讀，該休息了吧！」

劉昞答道：「我溫讀《論語》，孔子說：『朝聞道，夕死可矣。』又說：『不知老之將至。』孔子是聖人，他還這樣用功，我劉昞是甚麼人？那敢荒怠時日，不自努力呢？」

【原文】

劉昞，字延明，居酒泉，任撫夷護軍。雖有政務，手不釋卷。李暠曰：卿注記典籍，以燭繼晝，白日且然，夜可休息。昞曰：朝聞道，夕死可矣。不知老之將至，孔聖稱焉。昞何人斯？敢不如此。——魏收：《魏書》、卷五十二、列傳第四十。

【餘音】

人不能無知，知識的最佳來源是書本。宋代王巖叟說：「讀書非造次可成，須在積累，積累之要，在專與勤。」趕快進修吧！

45　標點改變文意

（一）《論語・為政》：「子曰：吾與回言終日，不違如愚。」首句會解釋作「為師的孔子對顏回講話講了一整天」，在常情上是不會有的。應將標點改正為「吾與回言，終日不違，如愚。」這才通順。

（二）《論語・泰伯》「民可使由之，不可使知之。」可斷句為「民、可使由之；不、可使知之」。又可斷句為「民可、使由之；不可、使知之」。再可斷句為「民可使，由之；不可使，知之」。文意都不一樣。

（三）《論語・里仁》「富與貴，是人之所欲也，不以其道得之，不處也。貧與賤，是人之所惡也，不以其道得之，不去也」。被王充在《論衡》的「問孔」章中質疑：為甚麼自己會不依正當途徑去獲得那討厭的貧賤呢？又為甚麼得到貧賤卻要守著而不能棄去呢？乃是標點錯了，應是「富與貴，是人之所欲也，不以其道，得之不處也。貧與賤，是人之所惡也，不以其道，得之不去也。」文理才通。

（四）《老子道德經》第一章：「故常無欲以觀其妙，常有欲以觀其徼」。可斷為「故常無、欲以觀其妙；常有、欲以觀其徼」。又可斷為「故常無欲，以觀其妙；常有欲，以觀其徼」。這三說何者為正？

（五）有一富人，在他院外圍牆轉角處，釘一標示牌云：「所有行路人等，不得在此小便」。一路人見了，逕自在該處小便起來。主人問他：「看到標示沒有？」路人說：「你寫的明明是『所有行路人，等不得，在此小便』。是你提醒我的呀！」

（六）有一算命半仙，批定某甲的「流年」說：「父在母先亡」。某甲說：「不對，我母死了，我父仍在」。半仙道：「沒錯嘛，我批的是『父在，母先亡』呀！」

（七）國父孫中山先生有句銘言「要立志做大事，不要做大官。」有位歪哥唸道：「要立志做大事？不、要做大官。」

（八）中共建國之初，幹部文化水平低劣。有位縣長，主持計劃生育（一胎化）會議時，只會照著講稿唸道：「我們要全縣已經結婚的和尚、未結婚的婦女，都要計劃生育。」聽者愕然。請問讀者，錯在哪裡？

（九）有位先生，寫了一張字條給太太：「男人如果沒有了，女人就活不下去。」太太用標點改正為「男人如果沒有了女人，就活不下去。」意義反過來了。

（十）有一句「發展中國家用電腦」。可唸為「發展中、國家、用電腦。」或是「發展、中國、家用電腦。」

（十一）1991 年 11 月 8 日人民日報海外版有一句「在南陽市結婚的夫婦只要一次性交付五十元，就可獲得一份金婚紀念保險證。」這句中的性字應連上讀或是接下讀呢？

（十二）明代毛奇齡有「虞美人」回文詞曰：「孤樓綺夢寒燈隔，細雨梧窗迫。冷風珠露撲釵蟲，絡索玉環圓鬢鳳玲瓏。膚凝薄粉殘妝俏，影對疏欄小。庭空蕪綠引香濃，冉冉黃昏近日映簾紅。」這首詞，可改動標點，變為七言「律詩」曰：「孤樓綺夢寒燈隔，細雨梧窗迫冷風，珠露撲釵蟲絡索，玉環圓鬢鳳玲瓏。膚凝薄粉殘妝俏，影對疏欄小庭空，蕪綠引香濃冉冉，黃昏近日映簾紅。」

【原文】請分別見於各條之中。

【餘音】標點十分重要，能改變正反文意，請勿等閒視之。

46　李琰之既精又博

北魏時代，有位李琰之，字景珍。從小就機警善談，對經史百家之書，沒有不讀的，官任車騎大將軍。朝廷裡遇有猶疑難決的事件，多會向他徵詢高見。他嘗自評說：「那位中書博士崔光，博而不精。那位太常卿劉芳，精而不博。我則同兼二人之長，既精又博，大概可稱為萬事通吧。」

當時大眾的公論，也都贊許他的博學，但精準方面，尚待多方觀察。

他在休閒之時，總是閉門讀書。他常說：「我喜好讀書，並不是貪求為身後立名，而是我心中的渴望，只想要多懂得一些罕有的聞見和知識，所以才孜孜不倦，欲罷不能，這是天性生成，並不是用死力去強求的。」

【原文】

李琰之，機警善談，經史百家，無所不覽。朝廷疑事，多所咨訪。每云：崔光博而不精，劉芳精而不博，我既精且博，學兼二子。論者許其博，未許其精。每休閒之際，恒閉門讀書。嘗謂人曰：吾所以好讀書，不求身後之名，但異見異聞，心之所願，是以孜孜搜討，欲罷不能，此乃天性，非為力所強致。

—— 北齊、魏收：《後魏書》、李琰之傳。

【餘音】

李琰之說：他孜孜不倦，欲罷不能，是想探知一些他人不知的博聞廣見。此點倒是我們應該仿效的。

47　良弓皆非良材

　　唐太宗對御史大夫蕭瑀說：「我自少年時起，就喜愛弓箭，曾保有良弓十多把，自認為沒有比這更好的了。最近、我將這些好弓，給弓匠檢視。弓匠居然說：『都不能算是好弓。』我原本是靠著弓矢來平定四方的。哪知我對它的認知竟然還未透徹。何況天下政務，經緯萬端，哪可能一概全知呢？」

【原文】

上謂蕭瑀曰：朕少好弓矢，得良弓十數，自謂無以復加。近日以示弓工，乃曰：皆非良材。朕以弓矢定四方，識之猶未能盡，況天下之務，其能徧知乎？──《資治通鑑・唐紀・唐太宗》。又見：唐・吳兢：《貞觀政要》第一卷・論政第二。

【餘音】

不是專家，不可自以為是，隨意給予判斷。《論語・為政》說：「知之為知之，不知為不知。」若硬要強不知以為知，小則製造笑料，大則身喪國亡。唐太宗之言，實為寶鑑。

48　虞世南默寫列女傳

　　唐代虞世南，字伯施，餘姚人，工於文章，精於書法，為人峭正，言論謹肅。唐太宗時，任官為弘文館學士，名聲很響。

　　太宗要虞世南在屏風上寫出《列女傳》，這是記述以往賢女的事績，只是當時沒有原本，虞世南卻能背誦，便依自己的記憶書寫出來，事後找出原文來查對，竟然沒有一個錯字。

　　太宗說：「虞卿的德行、忠直、博學、文詞、書翰這五種，堪稱五絕。」他的遺著，有《北堂書鈔》。

【原文】

唐、虞世南，字伯施，餘姚人，文章瞻博，書翰精純。太宗時為弘文館學士。帝嘗命寫列女傳於屏風，無本，世南暗疏之，無一字謬。帝稱其德行、忠直、博學、文詞、書翰為五絕。遺著有北堂書鈔。——宋、歐陽修：《新唐書》、虞世南傳。

【餘音】

漢、劉向《列女傳》分為母儀、賢明、仁智、貞順、節義、辨通、孼嬖等七目，共有七卷，又稱《古列女傳》。七卷文字很多，猜想屏風上應難容納。擇其要點摘寫才可，整冊全錄恐怕不行。

49　蔣乂熟記圖贊

　　唐代蔣乂，字德源，他博學強記，家中藏書豐富，以致通曉百家之學。

　　有一天，唐德宗巡視凌煙閣，那是為表彰功臣而建的高閣，見那左壁牆面剝落，所題文字，殘破缺損，每行只剩少數幾個字。皇帝命人抄下來，回朝詢問宰相，卻無人能夠辨識。

　　有人把蔣乂找來，他一看，就說：「這是聖曆中侍臣圖贊」。向皇帝口誦手抄，一字不漏。帝贊道：「即使是虞世南默寫《列女傳》（見上篇），也不會強過這份圖贊。」

【原文】

唐蔣乂，博學多聞。一日、帝登凌煙閣，視左壁頹剝，題文漫缺，行才數字。命錄以問宰相，無有知者。召蔣乂至，曰：此聖曆中侍臣圖贊，為帝誦之，一字不失。帝曰：雖虞世南默寫列女傳，不是過也。—— 五代後晉、劉昫：《舊唐書》蔣乂傳。

【餘音】

古人讀書，專心致志。一唸即熟，終生不忘。但諸子百家，實在是太多太雜了。單看台北「國家圖書館」2015年末的藏書量，就有358萬7052冊（僅算書籍）。倘若每天讀熟一冊，也須約一萬年才可讀遍。本篇提到的聖曆中侍臣圖贊，似屬罕見之文章，蔣乂能誦能抄，確是難能可貴。

50 張巡背書不錯一字

唐代有位于嵩，年少時就投靠御史中丞張巡為佐吏，好學。某一次，張巡見于嵩在讀《漢書》，問道：「為何讀這麼久？」當即口誦于嵩所讀的書句，背完到終了，不錯一字。

于嵩驚異不已，但認為張巡碰巧對這書熟習，就胡亂抽取他本來試，都能照背如流。

于嵩跟隨張巡已很久了，也不見張巡經常讀書。張巡有時需要撰寫稟奏，他拿起紙筆，一揮而就，不要打草稿，可謂超人。

【原文】

有于嵩者，少依於張巡，好學。巡嘗見嵩讀漢書，謂嵩曰：阿為久讀此？因誦嵩所讀書，盡卷，不錯一字。嵩驚，以為巡偶熟此卷，乃亂抽他帙以試，無不盡然。嵩從巡久，亦不見巡常讀書也。巡為文章，操紙筆立書，未嘗起草，誠超人也。——唐、韓愈：《韓昌黎集》、張中丞傳後序。

【餘音】

韓愈所言，應當無疑；我們見賢，可要思齊。

51　半部論語治天下

　　宋代趙普，字則平，佐宋太祖趙匡胤得天下，官居宰相。國事不論大小，都要咨詢他來作決定。宋太宗繼位，拜他為太師，封魏國公。

　　趙普歷相兩朝，決事如流。他喜讀《論語》，曾對宋太宗說：「臣有《論語》一部，以半部佐太祖定天下，以半部佐陛下致太平。」

【原文一】
宋、趙普喜讀論語。嘗謂太宗曰：臣有論語一部，以半部佐太祖定天下，以半部佐陛下致太平。 —— 清、畢沅：《續資治通鑑》、卷十二。

【原文二】
宋、趙普，少習吏事，為相。晚年，手不釋卷。每歸私第，闔戶啟篋，取書讀之竟日。及次日臨政，處決如流。既薨，家人發篋視之，則論語二十篇也。 —— 明、《御製賢臣傳》、相鑑、卷之十一。

【餘音】
論語二十篇，包含立品、求知、交友、修身等等，言簡而意賅，一輩子都可研習。

52　范仲淹斷虀劃粥

宋代范仲淹，字希文，諡文正，故稱范文正公。

兩歲時，父親死了，母親改嫁朱家，仲淹也從其姓，直到舉進士時，才還歸原姓。

仲淹少時貧苦，在長白山僧舍讀書時，由於沒錢，每天只能用小米二升，熬煮成濃粥。待冷後凝固了，用刀劃為四塊，再找來用醬醃泡而成的鹹菜數莖伴著吃，早晚各吃二塊。

他很達觀，曾為這事寫過一篇《虀賦》，應是佳構，今已失傳，惜哉！

【原文】

范文正公仲淹，少時貧苦，讀書長白山僧舍。日煮粟米二升，作粥，待其冷凝，以刀劃為四塊，斷虀數莖，旦暮啖之。嘗作虀賦。──見《龍文鞭影》、二集、卷上、斷虀畫粥。又見：宋、釋文瑩：《湘山野錄》。

【餘音】

要想出人頭地，唯有讀書爭氣；仲淹文武通才，正是苦學好例。

53 李沆常讀論語

北宋時代，有位李沆，字太初，性格直諒，言行修謹，宋真宗在位時，李沆官居宰相，卒諡文靖。

李沆貴為宰相，但常溫習《論語》。有人問：「為甚麼還要讀此書？」李沆答道：「我身為宰相，應當關心百姓的幸福。例如《論語、學而篇》說的『節用而愛人，使民以時』，我們還未能切實做到。大凡聖人的話，我們一輩子唸它讀它都可以的。」

李沆死後，同朝的樞密院太保王旦贊譽說：「李文靖真是一位聖者呀！」當時就稱他為聖相。

【原文】

李沆，性直諒，行修謹，宋真宗時為相，常讀論語，或問之，沆曰：沆為宰相，如論語中節用而愛人，使民以時，尚未能行。聖人之言，終身誦之可也。卒諡文靖。沆沒後，王旦歎曰：李文靖真聖人也。當時遂謂之聖相。── 元、脫克脫：《宋史》、卷二百八十二、列傳第四十一。

【餘音】

按：《古論語》有二十一篇，《齊論》有二十二篇，《魯論》有二十篇。前二種久亡，今論語即是《魯論》。又按：《論語》對本書的立品、求知、交友、修身、處事、正言各篇，都有相關的金言警句，請多溫習。

54　李清照三瘦

　　北宋女詞人李清照，濟南人，自號易安居士，撰有《漱玉詞》。清代沈謙的《填詞雜說》中評論該詞集說：
　　「男中李後主，女中李易安，極是當行本色。前有李太白，稱為詞家三李。」

　　清照丈夫趙明誠，在外地任官。九月九日重陽節，李清照填了《醉花陰》詞寄給丈夫。趙明誠讀罷歎服之餘，每感李易安才華勝己，心中不服，於是閉門謝客，廢寢忘食，三天三夜，寫成了十五首詞，把李詞也插抄在其中，拿給好友陸德夫來評鑑。德夫玩味再三，終於說：「只有三句最佳，就是『莫道不消魂，簾捲西風，人比黃花瘦』。」正是李易安《醉花陰》的詞句。

　　她另有「知否知否，應是綠肥紅瘦。」「新來瘦，非關病酒，不是悲秋。」加上這句「人比黃花瘦。」能否稱她為「李三瘦」呢？

【原文】李易安以《醉花陰》詞函致趙明誠，明誠歎賞，自愧弗逮，務欲勝之。乃閉門謝客，忘食忘寢者三日夜，得十五闋，雜易安作，以示友人陸德夫。陸玩之再三，曰：只三句絕佳：莫道不消魂，簾捲西風，人比黃花瘦，正易安作也。——元‧伊士珍：《瑯嬛記》、卷中。

【另文一】有客謂張先曰：人皆稱汝為「張三中」，即心中事、眼中淚、意中人也。張先曰：何不改稱「張三影」？因我有「雲破月來花弄影」「嬌柔懶起，簾壓捲花影」「柳徑無人，墮風絮無影」。此吾平生得意者也。——南宋‧胡仔：《苕溪漁隱叢話》前集‧卷三十七。

【另文二】國父遺囑，係胡漢民代撰，文曰：「余致力國民革命，凡四十年……必須喚起民眾……務須依照余所著……尤須於最短期間，促其實現，是所至囑。」三須層次分明。——近代、吳相湘《孫逸仙先生傳》

【餘音】三瘦、三中、三影、三須，都是我們學習的佳範。（若有餘幅，應錄介〈醉花陰〉全文）

55　孟子第一句就不懂

　　宋代文儒王聖美，才學深邃。當他初任縣長時，尚未知名。某次，因事去拜會一位高貴顯赫人物。當時這位大官，正向另一位客人暢論《孟子》書中的精義和創見，談興正濃，無暇理會王縣長。王聖美靜坐一旁，覺得他的高論頗有未符義理之處，但也不便插話。

　　這位高官說了好久的獨家見解，一時偏過頭來，回顧王聖美問道：「王縣長諒你也曾讀過《孟子》這部書吧？」

　　王聖美答道：「我一生愛讀這書，只是全都不懂其義。」

　　主人有興趣了，問：「不懂的是哪些章節呢？」

　　王聖美說：「從頭第一章開始就不通曉。」

　　主人追問：「怎麼不曉，你且說說看！」

　　聖美道：「開頭第一句『孟子見梁惠王』，我就不懂！」

　　大官甚為怪異，問道：「孟夫子去見梁惠王，這話簡明淺顯，難道你認為另有很深的奧義嗎？」

　　聖美回答道：「有呀！孟子自己多次說過『不見諸侯』，因為違反了禮義。但為甚麼他又主動去見梁惠王呢？單是第一句這一點我就無法理解了呀！」

　　這位大官人料不到聖美拋出了這個罕見的大難題，一時啞口無言，沒有再吐半句話。

【原文】見宋・彭乘：《墨客揮犀》、杜德。又見：宋、沈括：《夢溪筆談》卷十四、藝文一、文意同上。又《宋史》卷三百二十九、有王聖美傳。

【另文一】陳代曰：不見諸侯，宜若小然。孟子曰：非其招，不往也。——見《孟子・滕文公下》。

【另文二】公孫丑問曰：不見諸侯，何義？孟子曰：古者不為臣不見。——見《孟子・滕文公下》。

【另文三】萬章曰：敢問不見諸侯何義也？孟子曰：庶人不傳質為臣，不敢見諸侯，禮也。——見《孟子、萬章下》。

【餘音】孟子多次說非禮不見諸侯，今卻主動去見梁惠王，此一疑團，至今難解。

56　夜半有無鐘聲

詩人但求好句，不論文理通與不通，實在要不得。

例如張繼七絕「姑蘇城外寒山寺，夜半鐘聲到客船」。那半夜三更，豈是打鐘時刻？

【原文】

摘自北宋文學家、史學家、自號六一居士、歐陽修：《六一詩話》，文句同上。

【餘音】

張繼《楓橋夜泊》七絕原句是：「月落烏啼霜滿天，江楓漁火對愁眠；姑蘇城外寒山寺，夜半鐘聲到客船。」歐陽修認為夜半不會敲鐘，指張繼這句詩錯了。但另從宋代葉夢得號石林的《石林詩話》、宋代王觀國《學林新編》、南宋吳曾《能解齋漫錄》、南宋胡仔《苕溪漁隱叢話》、宋代王直方《王直方詩話》、明代廖瑩中《全唐詩話》、清代王士禎號漁洋山人《漁洋詩話》，都指出蘇州甚至杭州一帶的寺廟，多有夜半打鐘的事實，且稱為定夜鐘或夜分鐘。歐陽修未詳察，這是他一時疏忽了。

57　駢文組合近似

駢文裡使用對句，常有相近者，例如：

「風儀與秋月齊明　音徽共春雲等潤」：南朝、褚淵碑。

「靈源與積石爭流　神基與極天比峻」：沈約安陸王碑。

「落花與芝蓋齊飛　楊柳共舟旗一色」：庾信賦。

「金星將婺女爭華　麝月與嫦娥競爽」：玉臺集序。

「浮雲共嶺松張蓋　明月與巖桂分鬖」：隋・長壽寺碑。

「落霞與孤鶩齊飛　秋水共長天一色」：王勃滕王閣序。

「長江與斜漢爭流　白雲將紅塵並落」：王勃○○記。

「斷雲將野鶴俱飛　竹響共雨聲相亂」：駱賓王序。

「颷金將露玉俱清　柳黛與荷絲漸歇」：同上。

「緇衣將素履同歸　廊廟與江湖齊致」：同上。

「殘霞將落日交暉　遠樹與孤烟共色」：陳子昂文。

「新交與舊識俱懽　林壑共烟霞對賞」：同上。

「青天與白水環流　紅日共長安俱遠」：李商隱文。

　此等句法，襲用不一。而子安（王勃）「落霞」二語，獨擅才名。

【原文】

明・謝在杭《文海披沙》、語句同上。

【餘音】

大家只傳誦「落霞孤鶩」兩句，恐是由於那一次係臨場揮毫，無暇深思，一氣呵成，縱筆捷就之故吧。

58　楊玠滿腹經史

儒生楊玠，娶了崔季讓的女兒為妻。那崔家藏有圖書籍冊甚多，可能接近萬卷。楊成婚之後，常在崔家書齋啃書。久之，楊玠放言道：「崔家的書，被他人偷盜快完了，主人還不知道呢？」

崔季讓後來也聽聞了，就派人來檢查清點，楊玠摸著肚子，解說道：「經史已讀遍，內容也熟記，都藏我腹中，滿肚書香氣。」

【原文】

楊玠娶崔季讓女。崔家富於圖籍，殆將萬卷。楊成婚之後，經常游其書齋。既而告人曰：崔氏書被人盜盡，曾不知覺。崔令人檢視，楊玠叩腹曰：書已藏入此間經笥矣。 ── 元、林坤：《誠齋雜記》、楊玠條。

【餘音】

經史全背得出，牢牢記在胸腹。紙本不必要了，我都可以解釋。

59　竹爐湯沸火初紅

　　明代有位女詩人金士珊，字雪莊，是金德麟之女，王陶軒之妻，著有《紅餘草》詩集。

　　她自小就很聰慧，母親教她讀詩，講解到「竹爐湯沸火初紅」這句詩時，金小妹指著說：「滿鍋子的湯都已經燒到沸騰了，那爐子裡的火難道方才開始變為紅旺嗎？恐怕不相宜吧？」

　　按宋代杜小山，名爵，有《寒夜》七絕云：「寒夜客來茶當酒，竹爐湯沸火初紅；尋常一樣窗前月，纔有梅花便不同。」已選入謝枋得《千家詩》卷三。

【原文】
明代金士珊，生有夙慧。幼時，其母課以詩，至「竹爐湯沸火初紅」之句，士珊笑謂：「湯已沸矣，火猶始紅耶？」── 清·嚴蘅：《女世說·言語》。

【另文】
元代岳柱，八歲時，閒看畫師何澄，正在繪「陶母剪髮換酒待客圖」。岳柱見到畫中陶母手腕上繪有金釧，指著問道：「脫下金釧就可買酒，何須費事剪賣長髮？」何澄一聽，知道錯了，趕忙撕掉另畫。── 見：《元史·岳柱》。又見《子史精華》卷一。─·早慧。

【餘音】
一鍋湯煮到沸騰了，爐火才初紅，似乎確有語病。

60　許彝千勝過老爸

清代許先甲，字彝千，是許勉無的兒子。老爸勤於讀書，經常大聲唸到通宵。兒子許彝千每天躺在床上，在還沒有入睡之前，靜心聆聽爸爸唸書。到第二天早上，彝千便可以把爸爸昨夜唸的書段背得出來，沒有錯漏。

父親許勉無歎道：「我這兒子睡的時候，竟然還強過老子我醒的時候！」

【原文】

清代許彝千，乃許勉無之子也。勉無唸書，竟夜不輟。彝千每晚臥聽父親讀書，旦輒能覆誦。父歎曰：兒臥時，乃勝我醒時。

　── 清、王晫：《今世說》、捷悟、許彝千聽父讀書。

【餘音】

天資穎悟，記憶力超強，乃是上天所賜。我們倘若比不上，就唯有以勤補拙，人十能之己百之。

61　再讀三十年書

　　清代大儒汪中，揚州人。由於博學，乃請他校閱《四庫全書》，也是著名的駢文大師。他對當時的儒家學者，很不輕易給予贊語。

　　有一次，他拍著胸膛對朋友說：「我們揚州一府，通文學的有三人，不通的也有三人。王念孫、劉台拱和我，是通的三人。程晉芳、任大椿、顧九苞，則是不通的三人。」

　　剛好有位朋友某君也在座，他笑著問汪中：「那麼我呢？」

　　汪中答道：「閣下不在『不通』之列。」某君大喜。

　　汪中補充兩句：「閣下再讀三十年書，或許可以躋身於『不通』之列吧。」

【原文】

現代：林明峪：《歷代名流趣談》、清朝名流。文句同上。

【餘音】

學問浩渺，無涯無際。窮畢生之力，也不能誇口說業已精通。當然、我們要去鑽研，但以不自滿為是。

62　漏字詩變為長短句

清代文豪紀昀（1724-1805），字曉嵐，曾任《四庫全書》總纂，於詩文無所不通，很得乾隆皇帝賞識。

某一天，紀曉嵐陪侍乾隆帝於便殿，乾隆帝命他寫個「扇面」，將賜給大臣。紀曉嵐即時在摺扇上寫了唐人王之煥的《出塞》七言絕句：

「黃河遠上白雲間，一片孤城萬仞山；

　羌笛何須怨楊柳，春風不度玉門關。」

乾隆帝一看，笑道：「紀卿，你漏寫了一個白雲間的『間』字了呀！」

紀曉嵐察覺果然漏了一字，但他捷才一轉，婉釋道：「微臣寫的不是詩，乃是一首長短句的詞，是這樣斷句的：

『黃河遠上，白雲一片，

　孤城萬仞山。羌笛何須怨？

　楊柳春風，不度玉門關！』

【原文】近代、丁立人：《詩詞欣賞》。文句同上。

【餘音】曉嵐不但博古通今，而且捷才極敏。某次他隨乾隆帝下江南，登焦山。山頂新建憩亭一座，知縣恭請皇上賜書一區。乾隆帝一時想不出貼切區文，就拿筆在紙上假寫了幾個字，喚曉嵐近前問道：「這樣題字可好？」曉嵐一看，哪有字，分明是叫他捉刀。他馬上說：「好極了，這『江天一覽』，確為恰切。」現在此亭此區，仍矗立在焦山之巔。

63　未若貧而樂道

　　林之洋、唐敖、多九公，是清代李汝珍《鏡花緣》書中的主角，他們遊歷了君子國、不死國、無腸國、兩面國等異邦。下面敍到黑齒國：

　　多九公來到黑齒國，遇到兩個讀私塾的女孩，向多九公請教毛詩、易經、左傳諸書的義理，把多九公難倒了。他想還擊，因回問道：「《論語・學而》有云：『子曰：未若貧而樂，富而好禮者也。』這裡說的貧而樂，難道貧了還有甚麼樂事嗎？」

　　不料引起女孩一番高論，答道：「論語遭秦代焚書之禍，到漢代時，出現了三種版本：一是古論，二是齊論，三是魯論。今世所傳的是魯論。魯論也有古本今本。應當照梁人皇侃古本《論語義疏》的解釋，在『貧而樂』之下應有一『道』字，使這句『貧而樂道』和下句『富而好禮』相對應，這樣才通順也才合理呀！」

【原文】清、李汝珍：《鏡花緣》第十七回，文句同上。

【餘音】朱熹作論語集句，對此並無解釋，卻由李汝珍訂正為「貧而樂道」，應是相當正確。

此外，《論語・里仁》「子曰：古者言之不出，恥躬之不逮也。」古本作「古者『妄』言之不出。」此另一例也。

又如《論語・顏淵》「雖有粟，吾得而食諸？」古本作「吾『豈』得而食諸？」豈或作焉，或作惡。此另第二例也。

又如《論語、公冶》「再斯可矣。」一作「再思可矣。」又作「再思斯可矣。」此另第三例也。

又如《孟子・盡心下》末章「然而無有乎爾，則亦無有乎爾。」一作「然而無乎爾，則亦有乎爾。」此另第四例也。

今併附錄於此，有請方家考正。

64　王闓運遲吃晚睡

　　清代學人王闓運，字壬秋，湖南湘潭人。自幼好學，但資質魯鈍，每天唸不完一百字。他乃發憤自責，即使勉強，也拼命追趕。因而為勤讀所下的苦功，比旁人多費好幾倍的力氣。

　　他既下定決心，對不懂不熟的課業，完全用比別人多幾倍的時間去拼鬥。早上溫習的功課，如果背不出來，便不吃飯；晚上背熟的功課，如果不懂意義，便不睡覺。這樣苦學到十五歲，可以懂得文辭的義理了。到二十歲，能夠析釋古籍的內涵了。到二十四歲，可以開講三禮了。

　　王闓運惜時爭時，辛勤苦讀，寒冬酷暑，從不休息。所有十三經、二十四史、諸子百家之書，全都背誦過。每天注解、箋釋、抄錄、校勘，務必及時完成，遇有心得，即隨手筆記。他感歎地說：「我不是個才思敏慧的通儒，只是個困知勉行的學子罷了。」

【原文】
國防研究院：《清史》卷四百八十一、列傳二百六十七、儒林傳三。文句同上。

【餘音】
王壬秋撰《湘綺樓日記》自卅八歲寫起，到八十五歲臨終才停筆。他說：「余自二十五歲以來，迄今五十年，日書三千，字以億兆計。」太難得了。

65　南無唸拿麻

有位秀才，自認學識高超，有一天，到大佛寺裡去瞻仰。

大殿裡有位高僧，正在唸《阿彌陀經》，他把「南無阿彌陀佛」句中的「南無」唸成「納摩」，秀才一聽，認為唸錯了。

誦經完畢，秀才對和尚說：「明明是『南無』，你怎麼唸成『納摩』？唸錯了。」

和尚柔聲答道：「施主呀，這就正像你們儒士，把《大學‧右傳之三章》裡的『於戲、前王不忘，君子賢其賢而親其親』句裡明明是『於戲』唸成『嗚呼』是一樣的理由呀！」

兩人辯來辯去，相持不下。

那和尚終究是個出家人，不想抬槓，便讓步說：「好了，好了，何必久爭呢？等你哪一天唸『於戲』本音的時候，我就改唸『南無』本字好了。如果你繼續『嗚呼』，那貧僧也只好仍舊一直『納摩』呀！」

【原文】某僧，頗通儒理。一儒士戲之曰：和尚既通孔孟之書，為何將南無二字誤唸為拿麻？答曰：然則相公為何將於戲二字讀為嗚呼？相公既嗚呼，和尚自然只好拿麻了。—— 清、黃協塤：《鋤經書舍零墨》、僧譃條。

【餘音】字有異音，就叫「破音字」。例如可汗要唸為克寒，冒頓唸墨毒，齊衰唸咨催，身毒唸捐篤，吐谷渾要唸為突欲魂，可都不要錯了。

66　寫文章不比生孩子

　　話說從前 —— 講故事都是這樣開始的第一句。

　　話說從前，有位大文豪，要寫一篇宏文，他殫思竭慮，仰首低頭，飲茶抽烟，咬筆吮指，起身迴步，搔髮踟躕，折騰了一整天，怎奈文思枯澀，稿紙上仍是一片空白，一點一撇都未寫出來，他也焦灼極了。

　　在一旁的太太看到如此境況，不禁大為難過，有心化解說：「你寫文章，就好比我們女人生孩子一樣的煎熬焦灼，太不好受，也太痛苦了。」

　　這位文豪很不以為然，反駁道：「這怎麼可以相比？你們生孩子的，肚子裡早就有了貨。我們寫文章的，可憐肚裡空空如也，半點貨色也沒有，硬是要無中變有，比你們生孩子難上十倍呀！」

【原文】
民國、湖海散人：《茶餘飯後集》，詞句同上。

【餘音】
肚裡本來沒有貨，腦袋空空很難過；
一旦勉強有些貨，寫來又覺欠鮮活；
好不容易湊成了，一看文字仍欠巧；
文章總是我的好，只是缺點尚不少。

67　要是不死呢

　　我有位好友周君，喜愛讀書，富上進心。於今創立了大公司，顧客擴及國外。回想起四十年前，我和他都是阿兵哥，一起服兵役，而且駐守同一個碉堡。每遇敵人來犯，我倆就從射口開槍，往往能擊退敵兵，陣地穩固。

　　但砲火一停，這位書呆子周小兵馬上掏出書來，全心閱讀。我覺得他有點過火了，譏誚他道：「老哥呀！我們還不知道哪一刻就會死翹翹了，幹嘛還要那麼用功？」

　　周兩眼朝我一瞪，回應我只五個字：「要是不死呢？」

【原文】
今人、舒蘭：《人生小品》，寄自美國加州，刊登于《世界日報》副刊，文句同上。

【餘音】
《吳越春秋・勾踐入臣外傳》有言：「君子爭寸陰。」《宋史・蘇頌傳》蘇頌《書帳銘》則說：「非學何立？非書何惜？終以不倦，聖賢可及。」本篇周君讀書有成，因以俚詞共勉：
學貴有恒，涓滴成海；惜寸爭分，時不我待。
溫故求新，人十己百；唯勵唯勤，毋荒毋怠。

68　何月何日偷相會

　　我和查理，老年才相熟，結為知友。

　　一個冬天，我倆因事同往歐洲丹麥，那裡也是一個說英語可通的國家。我們到首都哥本哈根，進入一家酒店，選了個安靜的角落坐下，飲酒休憩。查理說：「我年輕時，就在哥本哈根住過好久。」

　　忽然他臉色轉白，急速低下頭來，還把帽簷拉低，遮住了上臉。原來有位女服務員走近桌前，問我們說：「先生要酒嗎？」我接口答道：「請來兩瓶啤酒。」

　　服務員走後，我心生迷惑，問查理說：「你認識這位丹麥的女服務員嗎？」

　　查理吐出實話：「豈止相識，年輕時我和她還是愛侶一對呢，可是她爸爸反對她嫁給外國人。我只好和她相約，等我回到美國，拿到足夠的錢，就來歐洲接她。但在信中不敢多說，恐怕她父親猜知而攔阻。就約定只寫個日期，表面是說我要在那天去參加我妹妹的生日派對，暗中卻指定那一天晚上我和她在以前每次見面的老地方相會。後來、我寄信給她了，可是她沒有按期前來相會，因此就失聯分散了。這番情場相愛相離的遭遇，已是三十多年前的舊帳，往事如烟，追索無益。因此我不想今天讓她認出我來，免得大家尷尬。」

　　我靈機乍閃，追問道：「你說的那個日期，在你信中是怎樣寫的呢？」查理說：「我寫的是 10/11/13，指的是 1913年 10 月 11 日。」

　　我思量了一會，直言指正他說：「查理，你搞砸了呀！丹麥和歐洲國家，他們的習慣是依序由小到大，先寫日，再寫月，最後寫年。你寫的 10/11/13，在她看來，是 11 月 10 日，不是 10 月 11 日，差別太遠了呀！」

　　查理瞪著眼睛，直瞧著我。良久，才醒悟過來，拍著腦袋，連說：「哎喲，我犯了不可饒恕的大錯誤呀！」

【原文】

依據《讀者文摘選集》、Reader's Digest Association Far East Limited，由讀者文摘遠東有限公司於 Dec. 10, 1913 出版，嘗試譯成中文如上。

【餘音】

一、月日年或日月年，各洲各國都依循不相同的舊例習慣書
　　寫，致有差別，容易產生誤解。

二、這是全球性的問題，建議或可在聯合國大會中提出專案，
　　邀集各國專家討論，得出結果實施，俾使全球統一。

三、暫時為求明確，不妨將月份用英文表示。如 Oct./11/1913，
　　庶不致誤。

四、中文是依習慣，將年月日標明，寫為 1913 年 10 月 11 日，
　　保證不生差錯。

69 讀書學做人

做人，這要自年幼時就學著做。即使已到垂暮之年，仍當繼續勉學，努力去做。所謂「學到老，做到老」，做人功夫是沒有止境的。

學生在學校讀書，有畢業之時，但做人卻永無畢業之日，至死方休。

為甚麼讀書就能學到做一個高境界的人呢？因為在書籍中，可以欣賞到許多偉人，這些人的人生境界，正是你我的榜樣。他們是從千百萬人中選出來，又經過長時間的考驗而留存其典範到今日。像孔子，距今已 2600 年，我們敬仰他，崇拜他，便是由於他做人高越，值得我們去學。

【原文】

摘自國學大師錢穆（1895-1990）《錢賓四先生全集》，文句同上。

【餘音】

書籍是學者一生辛勤的歷練，把做人處事的軌範，無私的紀錄下來，留供後人參考閱讀。我們只花費一天的時間，就學到前賢一生的經驗，這是何等划得來的便宜之事，趕快多多閱讀，多多學習吧。

70　文章要有骨頭

　　王永慶說：「文章要有內容，有骨頭，這是基本要素。」

　　所謂有骨頭，乃是說這篇文章的目的何在？可以從字裡行間顯現出來。也就是說，文章要寫得條理分明，而且言之有物，這有物就是有骨頭。

　　王永慶指出：「我的客戶來信，我公司的營業人員卻不懂得如何寫好回信。即令勉強回覆了，也是語焉不詳，不知所云。英文信寫不好，那是程度不夠，還可能找理由推諉；但中文信寫不清楚，就太不應該了。」

【原文】

引自近人、郭泰：《王永慶的人生智慧》、第六十六章。遠流公司 2009 年出版。文詞同上。

【餘音】

《顏氏家訓、勉學》說：博士生買一匹驢，契約書寫滿三頁紙，卻通篇沒有一個驢字云云。這就是譏笑這位飽學之人，寫文章不得要領，也就是沒有骨頭。當今科技時代，凡事都要以文書為憑，內容要不蔓不枝，簡單明確，讓人一看就懂，不生疑惑。這便是骨頭。王永慶這段平實的話，我們不宜忽視。

交友第三

71　益者三友　損者三友

孔子說：「對我有助益的朋友有三種，對我有損害的朋友也有三種：

「朋友個性正直，可以指出我的錯失，使我得以改過趨善，這是第一種益友。朋友心胸寬諒，可以彼此誠信相對，互勉互勵，力求上進，這是第二種益友。朋友見多識廣，能知天下事，可以補充我的淺知陋識，不做井底之蛙，這是第三種益友。

「朋友喜歡擺架子，卻又不真正爽直，使我也會感染到虛驕，這是第一種損友。朋友長於獻媚，盡講奉承討好的話，虛假偽善，說多了讓我容易受騙，這是第二種損友。朋友盡說乖巧的空心話，內容都不實在，但我又沒能力分辨，致使我誤信而受到矇蔽，這是第三種損友。

「這三者的損益，正好相反，可要小心交結了。」

【原文】孔子曰：益者三友，損者三友。友直、友諒、友多聞，益矣。友便辟、友善柔、友便佞，損矣。 ——《論語》、季氏第十六。

【餘音】原文篇末有小字注釋說：「尹氏曰：自天子以至於庶人，未有不須交友以成事者，而其損益有如是寬，可不慎哉？」又先儒陳白沙《五倫箴、朋友》曰：「損友退而遠，益友進而親；結交擇德義，豈論富與貧？君子淡如水，歲久情愈真。小人甜似蜜，轉眼變仇人。」都可啟發。

72 損益之友兩不同

　　孔子說：「我孔丘死後，我的弟子子夏，姓卜，名商，他的品德學識，每天都會增加一些。我的另一位弟子子貢，姓端木，名賜，他的品德學識，每天都會減損一些。

　　「為甚麼會是這樣呢？追究其原因，乃是由於子夏喜歡與那些才學和德行都超過自己的朋友們相處。至於子貢，卻高興與那些才學和德行都不如自己的朋友們相處，所以結果可能會形成兩歧。」

【原文】

孔子曰：丘死之後，商也日益，賜也日損。商也、好與賢己者處。賜也、好與不如己者處。——漢、劉向：《說苑》、卷十七、雜言、丘死之後條。

【餘音】

益者增也，損者減也。即使在同一起點開始，子夏會向上加多，子貢則會向下減少，差距將日漸加大。擇友可不慎乎？

73　孔子引導師冕

　　魯國的盲眼樂師叫冕，來見孔子，孔子引導他去參加集會。走到台階之前，孔子提醒他，說：「這前面有階級啊！」一直引到坐席之前，孔子又說：「這裡就是你該坐的席位啊！」

　　大家都坐定了，孔子一一介紹說：「某某先生坐在這邊，某某大師坐在那邊。」

　　集會完了，師冕出來，告辭回去。孔子的學生子張請問道：「這是導引盲眼樂師的方式嗎？」孔子答道：「當然，這才是真正幫助瞽者的適當方法，你們也可記住。」

【原文】

師冕見。及階，子曰：階也。及席，子曰：席也。皆坐，子告之曰：某在斯，某在斯。師冕出，子張問曰：與師言之道與？子曰：然，固相師之道也。——《論語》、衛靈公第十五、末章。

【餘音】

原文篇末小字注釋引尹氏曰：「聖人處己為人，其心一致，無不盡其誠也，求聖人之心，於斯可見矣。」以誠待人，最為實在。

74　子張論交友之道

　　子夏的弟子，向子張請教「交友之道」。子張反問道：「你的老師子夏，對交友之道，是如何解說的呢？」

　　弟子答道：「我的老師子夏說：『你認為可交的人，就可以和他結為朋友。但對那些條件不夠、不可論交的人，就要拒絕他』。」

　　子張說：「這和我所知道的不太一樣。一個身為君子的人，會尊敬賢者，而且能容納大眾。對行善的人常予贊美，對能力欠缺的人會矜惜和同情。假如我是個具備大賢大德的人，對任何人有甚麼不能包容的呢？又假如我是個不夠賢能的人，對方都可能會拒絕我，我怎麼可以先去拒絕別人呢？」

【原文】

子夏之門人，問交於子張。子張曰：子夏云何？對曰：子夏曰：可者與之，其不可者拒之。子張曰：異乎吾所聞。君子尊賢而容眾，嘉善而矜不能，我之大賢與，於人何所不容；我之不賢與，人將拒我，如之何其拒人也。——《論語》、子張第十九。

【餘音】

王肅《孔子家語》說：「與善人交，如入芝蘭之室，久而不聞其香，則與之俱化矣。與不善人交，如入鮑魚之肆，久而不聞其臭，亦與之俱化矣，是以君子慎所與交也。」請三復斯言。

75　友者友其德

　　孟子的弟子萬章，請教孟子道：「敢問結交『朋友』的原則和條件，究要如何？」

　　孟子解說道：「不要自己仗勢年紀大，不要自己仗勢官位高，不要自己仗勢兄弟的權力厚，不要依靠這些去結交朋友。要知道結交朋友的意義是結交他的品德，不可以倚仗上述的這些憑藉來要挾對方。」

【原文】

萬章問曰：敢問友？孟子曰：不挾長，不挾貴，不挾兄弟而友。友也者，友其德也，不可以有挾也。——《孟子》、萬章下、友篇。

【另文】

非我而當者，吾師也。——《荀子》、修身篇。

【餘音】

小人以利為朋，君子以義為朋，所謂道義之交，所謂益者三友，都是「友其德也」。

76 管鮑之交

管仲字夷吾，齊桓公任以國政，號曰仲父，佐桓公為春秋五霸之首。

管仲嘗歎道：「①我早年窮困時，曾與鮑叔共同經商，分財時，我常多得，鮑叔不認為我貪財，知道我貧困也。②我曾替鮑叔謀事，卻大失敗，鮑叔不認為我太笨，因為時機有利也有不利也。③我曾三次任官，卻三次遭免職，鮑叔不認為我是不肖子，知道我只是命運不好而已。④我曾經作戰三次，三次都打了敗仗，鮑叔不以為我是膽怯，乃是知道我有位老母親在也。⑤公子糾被殺，召忽陪著死了，我卻沒死，鮑叔不以我是無恥，知道我不羞於小節，而恥我的英名，還未彰顯於天下也。生我的是父母，深知我的唯有鮑叔這位知友。」

【原文】管仲嘗歎曰：吾少窮困，嘗與鮑叔賈，分財多自與，鮑叔不以我為貪，知我貧也。吾嘗為鮑叔謀事，而大窮困，鮑叔不以我為愚，知時有利有不利也。吾嘗三仕三逐，鮑叔不以我為不肖，知我不遭時也。吾嘗三戰三北，鮑叔不以我為怯，知我有老母在也。

公子糾敗，召忽死之，鮑叔不以我為無恥，知我不羞小節，而恥名不顯於天下也。生我者父母，知我者鮑叔也。——戰國、鄭、列禦寇：《列子》、又號《沖虛真經》、管鮑善交。

【餘音】管仲有才，著《管子》一書，八十六篇。本文管鮑深交，正彰顯鮑叔之至賢，令人欽仰。

77　伯牙絕弦

　　在春秋時代，有位琴聖，名叫伯牙，最善於鼓琴。他的知交朋友鍾子期，則長於聽琴，兩人結為好友。

　　當伯牙奏琴，琴音顯出志在高山時，鍾子期聽懂了，歡然說：「琴音妙呀！奮勵騰達，揚聲激發，巍巍乎好似泰山之高拔。」過了一陣，琴音改調，轉為柔順，有如流水，鍾子期聽得入神，又贊道：「琴音美呀！吐音舒協，滔滔不絕，宛如江河之傾洩！」

　　可是，鍾子期不幸死了，伯牙頓感悲切，竟然把琴身砸破，把琴弦扭斷，終身不再鼓琴，因為他認為再沒有人能聽懂他的琴音了。

【原文】

伯牙鼓琴，鍾子期聽之。方鼓而志在高山，鍾子期曰：善哉乎鼓琴，巍巍乎若泰山。少選之間，而志在流水，鍾子期復曰：善哉乎鼓琴，湯湯乎若江河。鍾子期死，伯牙破琴絕弦，終身不復鼓琴，以為世無足為鼓琴者。—— 列禦寇：《列子》、湯問。又見：呂不韋：《呂氏春秋》、本味。又見：《韓詩外傳》、九。又見：劉向：《說苑》、卷八。

【餘音】

鍾子期不在，誰還會聽琴？
俞伯牙認命，斷弦報知音。

78　小人同而不和

　　龐涓和孫臏，拜鬼谷子為師，一同學習兵法。學成後，龐涓前往魏國，魏惠王委任他為將軍。他自認才學不及孫臏，乃設法使孫臏來魏國，故意架禍入罪，切去孫臏雙足。

　　蘇秦和張儀，也一同為鬼谷子的弟子，學合縱連橫之術。太史公說：「張儀處事暴戾，勝於蘇秦。為何世人厭蘇？只因蘇秦先死，張儀每多指摘蘇秦的短處，以彰顯自己的優秀。」

　　至於李斯和韓非，則同拜荀卿為師，學習刑名法律。學成後，秦王很悅賞韓非，但李斯忌他、毀他，將他下獄，送他死藥，使韓非自殺。

　　所以說：「小人同而不和（和也者、無乖戾之心也），比而不周（比是偏私，周是大公）。」

【原文】龐涓孫臏，同學兵法；蘇秦張儀，同學從橫；李斯韓非，同學刑名。始也朋而終也仇，故曰：小人同而不和，比而不周。 —— 南宋・王應麟著，清・翁元圻注：《困學紀聞》卷七・論語・龐涓條。

【另文一】子曰：君子周而不比，小人比而不周。 —— 《論語・為政第二》。

【另文二】子曰：君子和而不同，小人同而不和。 —— 《論語・子路第十三》。

【餘音】歐陽修說：「君子與君子以同道為朋，小人與小人以同利為朋。」本篇是擇友之道、觀人之術、共事之則，簡明易懂。

79　陳平不忘魏無知

漢代陳平，輔佐漢高祖劉邦，擊敗項羽，又獻計擒拿韓信，漢高祖賞功，與陳平剖符，封陳平為戶牖侯。陳平辭謝說：「這都不是我的功勞呀！」

高祖問道：「我用你的計策，敗項羽，擒韓信，果然順利達成目的，不是你的功勞，那是誰的？」

陳平說：「當初若不是魏無知推薦我，我哪有機會在陛下跟前報效？」

漢高祖贊道：「你說的這宗理由，才真是念舊而不忘本。」於是再賞魏無知。

【原文】

高帝擒韓信，與功臣剖符，封陳平為戶牖侯。平辭曰：此非臣之功也。上曰：吾用先生謀計，戰勝剋敵，非功而何？平曰：非魏無知，臣安得進？上曰：若子言，可謂不背本矣。乃復賞魏無知。 —— 司馬遷：《史記》、卷五十六，陳丞相世家第二十六。

【餘音】

要封侯了，陳平獨曰：「非臣之功」，這是不自大，可敬。再者，受封之頃，仍不忘當年久遠的薦我之恩人：「非魏無知，臣安得進」，這是不忘本，可佩。

80　趙熹泥塗韓婦面

漢代趙熹字伯陽，遭逢赤眉軍之亂，急忙爬牆離家出走。與韓仲伯等鄰居朋友，帶著各家弱小數十人，翻山越嶺逃難。

出了武關後，治安仍然混亂，韓仲伯耽心妻子貌美，恐會有人強暴她，自己也將連帶受害，便想把妻子丟棄不管。

趙熹怒罵他不該有此想法，心生一計，就用濕的稀泥，塗敷在韓妻的臉上，讓她坐進鹿車中裝病，趙熹自己推車保護。路上遇到惡人，就說：「這女子身體不好，正在生病。」如此才一路平安，脫離險境。

【原文】

後漢趙熹，為赤眉軍所迫，乃踰屋亡走。與所友善之韓仲伯等數十人，攜小弱，越山跨險而逃。路出武關，仲伯以婦色美，慮有強暴者，己亦將受害，欲棄之於道。熹怒責之，因以泥塗仲伯婦面，載以鹿車，身自推之，每逢凶人，熹輒言其病狀，以此得免。—— 南朝宋、范曄：《後漢書》、趙熹傳。

【餘音】

匆忙逃難時，想出萬全計；
稀泥塗婦面，直達平安地。

81　生友與死友

　　後漢范式，字巨卿，山陽金鄉人，自少與張劭結為知友，情誼深厚。劭字元伯，汝南人。後來，張劭病重了，同郡的好友郅君章和殷子徵早晚都來照顧他，十分關切。

　　臨到病的末期，張劭歎道：「恨不能見我的死友！」殷子徵問道：「我與郅君章每天盡心看顧你，如果我們不是死友，那誰個才是死友？」

　　張劭說：「你們二位，是我的生友。那山陽范式，才是我的死友呀！」

　　不多久，張劭死了。千里託夢，范式夢見張劭說他已死了，某日會下葬。范式不遠千里，急忙趕來送殯，為張劭守墓，直到修墳植樹完成才離去。

【原文】

范式，字巨卿，與汝南張劭為至友。張劭字元伯。元伯疾篤，同郡郅君章殷子徵晨夜省視之。元伯臨終歎曰：恨不見吾死友。子徵曰：吾與君章，盡心于子，是非死友，復欲誰求？元伯曰：若二子者，吾之生友耳。山陽范巨卿，所謂死友也。尋而卒。式忽夢見元伯曰：吾以某日死，某日葬。范式馳往赴之，遂留止冢次，為修墳立樹，然後乃去。 ── 南朝宋、范曄：《後漢書》、獨行傳、范式。

【餘音】

生友已相知，晨昏來探病；
死友情更重，千里馳送殯。

82　孫策周瑜總角交

三國時代，吳國孫堅的兒子孫策，與周瑜同年，相交友善，周瑜讓出大宅，給孫策全家居住，周瑜升堂拜孫母，兩家有無通共。

《三國志》吳志、周瑜傳「注」說：孫策替周瑜鼓吹，贈給或賞賜的財物，難以數計。孫策且有命令說明：「周瑜、字公瑾，英俊異才，與我有總角之交，骨肉之分。例如不久之前在丹陽，周瑜支援我兵力及糧秣，以濟大事，若論報德酬功，這些還都不夠回報的呢。」

【原文一】

堅子策，與瑜同年，獨相友善。瑜推大宅以舍策。瑜升堂拜孫母，有無通共。——《三國志》、吳書、第五十四卷、周瑜傳。

【原文二】

江表傳曰：策給瑜鼓吹，為治館舍，贈賜莫與為比。策令曰：周公瑾英俊異才，與孤有總角之好，骨肉之分。如前在丹陽，發兵及糧，以濟大事，論德酬功，此未足以報者也。——《三國志》、吳書、第五十四卷、周瑜傳、小字注。

【餘音】

孫策與周瑜，不止是同年，結為總角交，而且兩人又是「連襟」，孫策娶了姊姊大喬（大橋），周瑜娶了妹妹小喬（小橋），更加親密了。

83　程普周瑜醇醪交

　　三國時代的吳國，有位周瑜，字公瑾。初為建威中郎將，後事孫權、敗曹操大軍於赤壁，卒年才三十六歲。

　　吳國另有一位大臣名程普，隨孫堅征伐，又為孫策建功，後來輔佐孫權，歷經三君，為裨將軍。

　　程普自視年齡較長，經驗較豐，資歷最老。當時人稱周瑜為周郎，含有年輕嬌嫩之意。因此在討論政務時，程普都多次屈辱侮慢周瑜。周瑜則事事容忍，從不計較。日子久了，程普才暗自佩服周瑜能敬老尊賢，胸懷寬大，態度轉為親重了。而且倡言道：「和周公瑾交談，好像喝下了真純的美酒，不知不覺之間，自己就感到舒適陶醉了。」

【原文】

江表傳曰：普頗以年長，數陵侮瑜，瑜折節容下，終不與校。普後自敬服，而親重之。乃告人曰：與周公瑾交，若飲醇醪，不覺自醉。—— 陳壽：《三國志》、吳書、卷五十四、周瑜、小字注。

【餘音】

周瑜與孫策為總角交，見第 82 篇。今又與程普為醇醪交，可見周郎是個端士。惜乎英年早逝，否則定將另創一番大事也。

84　蔡邕倒屣迎王粲

　　三國時代的王粲，字仲宣，博學多識，解答疑難時無所不知。官任中郎將的蔡邕，很佩服他的才學。蔡邕也是才高學顯的人，府中經常賓朋滿座。一聽到王粲將要來到門口，他急急起身，匆促間倒穿著鞋子，連忙去迎接。

　　王粲進入大廳，眾多客人一看，只覺得他年紀很輕，體形瘦弱，身材矮小，賓朋都很驚奇。蔡邕介紹說：「這位朋友，極有異才，我還趕不上他呢！」

【原文】

季漢王粲，字仲宣，博學多識，問無不知。左中郎將蔡邕，見而奇之。時邕才學顯著，賓客盈座。聞粲在門，倒屣迎之。粲至、年既幼弱，容狀短小，一座盡驚。邕曰：此君有異才，吾不如也。── 晉、陳壽：《三國志》、魏書、卷二十一、王粲傳。

【餘音】

相貌定貴賤，那是淺陋見；
萬卷藏胸臆，這才令人羨。

85　管寧割蓆分坐

　　三國時代的魏國，有位管寧，字幼安；同時有位華歆，字子魚，兩人是同學，而且共一長蓆，兩人並排而坐，同桌讀書。

　　有一天，門外有喧嘩聲，原來是有位貴官，坐著高敞的馬車，戴著華美的冠帽，前有樂隊開道，後有武士護衛，在門前大道上徐徐經過，那鼓樂聲在室內都可聽到。

　　管寧一心讀書，不理會外面的喧鬧；華歆卻聞聲就心動了，竟然把書本闔上，跑出門外，盡情地欣賞那大隊人馬通過。良久，才滿懷高興的返來。

　　管寧覺得他羨慕虛華，不是個真誠務實的讀書人，便把那坐蓆用刀從中割為兩半，對他說：「你不是我攻書的朋友，今後各行其道好了！」

【原文】

管寧、華歆，嘗同席讀書。有乘軒冕過門者，寧讀如故，歆廢書出看。寧割席分坐，曰：「子非吾友也。」—— 南朝宋、劉義慶：《世說新語》、德行第一、管寧篇。

【餘音】

管寧端方，魏明帝時任為光祿勳，為人正直。華歆乖戾，後來幽殺了伏皇后，史書斥之。

86 陶侃母截髮待友

晉代陶侃，母親為湛氏，江西省人，常要陶侃去結交勝己的益友。

江西鄱陽郡孝廉范逵，是陶侃良友之一。某次，范逵造訪陶侃，還要留宿。時逢大雪，陶侃母把自己臥房床上新舖的草薦抽出來，把新草剉為草料，餵給范逵騎乘的馬，作為飼料。再又秘密地把自己的長頭髮剪下來，賣給鄰人，換來銀錢，買肉買雞，作成佳肴待客。

范逵知悉了這些細節，贊歎道：「要不是這位賢母親，生養不出這位賢兒子！」

【原文】

陶侃母湛氏，豫章人也。每使侃交結勝己者。鄱陽孝廉范逵來訪，宿於侃。時大雪，湛氏乃撤所臥新薦，自剉餵其馬，又密截髮賣與鄰人，以供肴饌。逵聞之，歎曰：非此母不生此子。

── 唐、房玄齡：《晉書》、卷九十六、列傳第六十六。

【餘音】

史書上的母範：如孟母三遷，岳母刺字，歐母畫荻，柳母和丸，王母伏劍，范母訣別，加上本篇陶母截髮，這些都是母儀之最。

87　你不作詩更好

晉代桓溫，娶晉明帝女為妻，官駙馬都尉，後為征西大將軍，權傾一時。他曾說：「既不能流芳百世，不足復遺臭萬年耶？」後因篡位未成死了。

同朝代有位殷浩，字淵源，有「淵源不起，如蒼生何」之美譽。官建武將軍。以上二人，都是著名人物，《晉書》有傳。

殷浩與桓溫為熟友。殷浩在弱冠時就有文名，曾把自己的詩作，彙抄給桓溫欣賞。桓溫讀後，正言面告殷浩說：「你的詩作，我看過了，留存了。但我得警告你，今後要小心謹慎，不得對我有任何違忤冒犯。你如果守不住，我就會把你的詩作，拿出來公開給大家來看。請你記住！」

【原文】

桓溫少與殷浩友善。殷嘗作詩示溫。溫玩之曰：「汝慎勿犯我，當出汝詩示人。」── 明・曹臣：《舌華錄》謔語第八・桓溫條

【另文一】

你不作詩更好：清末、江西臨江府知府王之藩，好作歪詩。有一天，他去請教李芋仙。李芋仙說：你是好人。王之藩再問：我是問詩，不是問人。李芋仙大笑，回道：你這個人，能不作詩更好。── 今人、林明峪：《歷代名流趣談・清朝名流，李芋仙》。

【另文二】

葉垂千口劍：東坡有言：世間事，忍笑為易。惟讀王祈大夫詩，不笑為難。王祈嘗謂東坡云：有竹詩兩句，最為得志。因誦曰：「葉垂千口劍，幹聳萬條槍。」東坡曰：好則極好。只是十條竹竿，一片葉兒也。蓋幹已萬而葉止千也。亦顧對仗而遺物理矣。—— 宋、《王直方詩話》。

【另文三】

一首全都重覆用字的七言絕句，讀來發噱。詩曰：「一個孤僧獨自歸，關門閉戶掩柴扉；三更半夜子時了，謝豹子規杜宇啼。」附此趣賞。

【另文四】

程思夢新建一書齋，甚愛之，有詩云：「每日更忙須一到，夜深常是點燈來。」友朋笑道：「此乃上廁所之詩也。」—— 見宋、魏泰《東軒筆錄》。

【餘音】

人人都會認為自己的詩作，可與李杜並肩，深究之，可能「卜通卜通（不通也）」之處屢見。此篇讀後，應生警惕。

88　一貴一賤交情乃見

下邽地方的翟公，任官為廷尉時，賓客朋友們充滿門庭。後來官職免除了，賓朋們都不再來，大門外可以張開大網來捕捉麻雀了。

後來，翟公恢復任官，仍舊復職為廷尉，眾多賓客朋友，又想造府探望。翟公寫了一頁告白，貼在大門上。告白寫道：

「一死一生，乃知交情。一貧一富，乃知交態。一貴一賤，交情乃見。」

這幾句話，使那官居太守的汲黯，也是太守的鄭莊，都感受到這份悲情。

【原文】

始翟公為廷尉，賓客闐門。及廢、門外可設雀羅。翟公復為廷尉，賓客欲往。翟公乃大署其門曰：一死一生，乃知交情。一貧一富，乃知交態。一貴一賤，交情乃見。汲鄭亦云悲夫。
── 《史記》、卷一百二十、汲黯、鄭當時傳。

【餘音】

此一現象，並不希奇。當你權高勢大時，賓朋趨附。待你落魄窮促時，賓朋疏離。這是社會常有的現象，所謂人情冷暖，世態炎涼。要能安然接受，不宜因此而不愉快。

89 李白杜甫二詩宗

李白，字太白。他才華高絕，好飲酒，有人贊他說：「李白斗酒詩百篇」，握筆一揮而成，稱為詩仙。同時代的杜甫，字子美，他作詩多有修改，所謂「一詩千改始心安」。他的詩一字不苟，稱為詩聖。

兩人交情殷厚，還有互贈的詩。李白有《戲贈杜甫》七絕：
「飯顆山頭逢杜甫，頭戴笠子日卓午；
借問因何太瘦生？祇為從來作詩苦。」

說杜甫「太瘦生、作詩苦」，都似有諷刺他作詩太拘謹之意。杜甫也有《春日憶李白》五律：
「白也詩無敵，飄然思不群，清新庾開府，俊逸鮑參軍。
渭北春天樹，江東日暮雲，何時一樽酒，重與細論文。」

首句捧李白，末句則要重新詳細研討用字行文之妥適否？似隱有多作斟酌之意。

【原文】李太白斗酒百篇，援筆立成。杜子美改罷長吟，一字不苟。太白贈子美云：「因何太瘦生，只為作詩苦」。苦、譏其困於雕鐫也。子美寄太白云：「重與細論文」。細字譏其欠慎密也。 —— 宋、羅大經《鶴林玉露》。

【另文】杜甫另有《不見 —— 近無李白消息》五律：「不見李生久，佯狂真可哀；世人皆欲殺，吾意獨憐才。敏捷詩千首，飄零酒一杯，匡山讀書處，頭白好歸來」。懷念深切。 —— 宋、嚴羽《滄浪詩話》。

【餘音】《滄浪詩話》評曰：「李杜二公，難分優劣。太白之妙處，子美不能道。子美之妙處，太白不能作。子美不能有太白之飄逸，太白不能為子美之沉鬱。」這是確論。

90　婁師德推荐狄仁傑

　　唐代狄仁傑，在外地為官，婁師德曾經上疏呈武后則天，推薦仁傑任宰相。狄仁傑不知道此番細節，等到當上宰相後，卻多次排斥婁師德，還令他調職到京師之外去任官。

　　武則天女皇帝知悉了這段經過，趁機與狄仁傑談話之餘暇，順便拿出婁師德推舉狄仁傑的舊有奏表，給仁傑過目。

　　狄仁傑看後，大感慚愧，對別人表示說：「我被婁公如此包容，才知道自己的氣量，比婁公差太遠了。」

【原文】

唐、狄仁傑未入相時，婁師德嘗荐之。及為宰相，不知師德荐己，數排師德，令充外使。則天嘗出師德舊表示之，仁傑大慚，謂人曰：吾為婁公所含如此，方知不逮婁公遠矣。──後晉、劉昫：《舊唐書》、卷九十三、列傳第四十三。

【餘音】

此事又見於《新唐書》卷一○八，兩書都載此事，比那「唾面自乾」更顯高尚。

91 張弼拒見李大亮

唐代有位李大亮，文才武略都高，品德也正。李密擁兵作亂時，李大亮被亂兵集體擒住，將不分良莠，一起斬首。幸而李密部將張弼當執行官，發覺李大亮英爽而無辜，就乘間放他逃走。活命之恩，無時或忘。

唐太宗貞觀年間，李大亮官拜劍南道巡省大使，又升右衛大將軍，封武陽公。在朝中立身端直，一生忠謹。

他每天都想到張弼是大恩人，如今我已是貴人了，應該回報才是。但張弼隱身不見，大亮訪尋不著。忽然有一天，湊巧在郊外路上碰見了。大亮抓著張弼雙手，感動得淌下淚來，要把全部家財，奉送給張弼。但張弼也是條硬漢，堅拒不肯接受。

李大亮找到機會稟告唐太宗說：「微臣我之能夠效忠陛下，乃是原先張弼救了我這條小命，才有今日。微臣願意將我的官職爵位，全都讓給他，我才心安。」唐太宗便另外任命張弼為中郎將。

當時百官都敬佩李大亮能多方酬恩，也贊譽張弼能謙讓不圖報償。

【原文】李大亮，有文武才略。李密作亂，大亮被擒，將予斬首。李密部將張弼釋之。貞觀八年，大亮官拜右衛大將軍，嘗以張弼脫其死，念有以報之。弼匿不見，大亮求之不能得。一日，遇諸塗，持弼泣，欲悉推家財予之，弼拒不受。李乃言於帝曰：臣及事陛下，張弼之恩也，願悉以臣之官爵授之。帝任弼為中郎將。世皆賢大亮能報，而多弼不自伐也。──《新唐書》、卷九十九。

【餘音】明代朱柏廬《治家格言》說：「施人慎勿念，受施慎勿忘。」前句指張弼，後句指李大亮。兩人都是君子，兩人都是模範。

92　劉子翼罵人

　　唐代劉子翼，字小心，晉陵人，學識豐富，品格端正；但性情峭直，朋友有過錯，常常當面直言責備，甚至難免責罵，罵後卻絕不對他人談及某人的過失。

　　那時有位李百藥，字重規，官封子爵，曾對劉子翼評說：「子翼雖常罵人，別人並不懷恨，這就令人悅服。」

【原文】

唐劉子翼，有學行，性剛直，朋友有過，輒面責之，退無餘訾。李百藥嘗語人曰：劉四雖復罵人，人終不恨。── 明、蕭良友：《龍文鞭影》、初集、卷上、劉四罵人條。

【餘音】

當面直率責備，背後無言，值得欽敬。朋友相交，史上留名的還有：刎頸交：相如與廉頗，膠漆交：雷義與陳重，國士交：袁式與崔浩，忘年交：裴諴之與辛術，忘形交：孟郊與韓愈，掛劍交；季札與徐君，竹林交：山濤與嵇康，雲霞交：謝澹與范泰，金石交：鄭樵與林霆，莫逆交：司馬膺與邢子才，布衣交：陸贄與韋皐。文長或事簡、未錄。

93 私誼豈可求官

　　唐代裴垍（垍音寄，堅土也，見《康熙字典》），字弘中，唐憲宗時，官居宰相。國內國外大小政務，都能處理允當。擇官任職，必求適材適所。皇上很信任他，史稱「元和之治」（元和是憲宗年號）。

　　裴垍宰治國家，一切循法，旁人都不敢以私誼來干政。有一次，他的一位締交很久的好朋友，從遠地來京都造訪他。兩人相會敍舊，十分歡洽。裴垍除了親切款待之外，還塞給他很豐厚的零花錢，可謂極為難得的了。

　　這位朋友，覺得裴垍對自己如此關愛，必定會照顧到底，因就仗著聊天高興的時候，趁便請裴垍派任他為京兆判司。

　　裴垍正色直言回絕道：「你我長久相交，學識能力彼此都很了解，以兄台的才幹，還差欠一截，不足以擔任這個官職。我不敢由於你我是知交，就不管好壞來委派你，這是循私。同時，破壞了朝廷用人的選拔制度，這是傷公，都是辦不到的。或許碰巧有一天，來了一位瞎眼宰相，你不妨要他委派你任官。至於我裴垍對這件事，必不可能隨意處理。」

【原文】裴垍作相，器局峻整，人不敢干以私。嘗有故人自遠詣之，垍資給優厚，從容款洽，其人乘間求京兆判司。垍曰：公才不稱此官，不敢以故人之私，傷朝廷至公。他日有盲宰相憐公者，不妨得也。垍則必不可。── 宋、孔平仲：《續世說》、卷三、方正。

【餘音】裴垍公私嚴格分，直言當面說原因；
　　　　你還欠缺學和能，瞎眼宰相才會准。

94　范堯夫麥舟贈友

北宋范仲淹，字希文，諡文正，故稱范文正公。當他在睢陽時，命他的兒子范堯夫，前往姑蘇，去運回麥子五百斛。

那時范堯夫年紀尚輕，用船裝著麥子，押船回來。歸途中，在丹陽停靠，不期遇見了石曼卿。

那石曼卿，名石延年，有節氣。後來歐陽修撰有《祭石曼卿文》，收入在《古文觀止》中。

范堯夫問他道：「為何滯留此地？寄居這裡多久了？」

石曼卿說：「兩個月了，因為有三位親人在此過世，現在暫時用淺土將棺柩護著。想要歸葬北方，尚須籌措大筆費用，目前還沒有人可以情商支助這件大事。」

范堯夫見他有此大困難，便把整船麥子連船一併贈送給他，讓他變賣後助他歸葬。

無累一身輕，范堯夫獨自一人騎馬回來了。

到了家裡，拜見了父母，就站立在一旁，聽候吩咐。過了許久，仲淹不經意地問道：「你去東吳，碰見了熟朋友沒有？」

范堯夫答道：「在丹陽，遇到石曼卿，因為三喪未能歸葬，仍舊滯留在那裡。由於沒有逢到像郭元振那樣慷慨解囊的人，以致還未能移柩回里。」

范仲淹說：「為何不把那船麥子送給他呢？」

堯夫道：「孩兒已經連船都送給他了！」

【原文】

范文正公在睢陽，遣堯夫到姑蘇，搬麥五百斛。堯夫時尚少，既還，舟次丹陽，見石曼卿，問寄此久如？曼卿曰：兩月矣。三喪在淺土，欲葬之，而北歸無可謀者。堯夫以所載麥舟與之，單騎而回。到家拜起，侍立，良久，文正曰：東吳見故舊乎？曰：曼卿因三喪未畢，方留滯丹陽，時無郭元振，莫可告者。文正曰：何不以麥與之？堯夫曰：已連船付之矣。——朱熹：《五朝名臣言行錄》、第七卷、七之二。又見：宋、釋惠洪：《冷齋夜話》。

【另文】

宋代石延年，字曼卿，為文勁健，工詩善書，少時以意氣自豪。喜劇飲。官至祕閣校理。與歐陽修為摯友。死時年四十六歲。——見《中國名人大字典》。

【餘音】

范仲淹設義田助人（詳《古文觀止》義田記），范堯夫麥舟贈友，因有人贊曰：「義立田千畝，仁推麥一舟。」父子輝映。

95　獨有王質敢送行

　　北宋范仲淹，開罪了宰相呂夷簡，貶官降級，謫往江西饒州。那時朝廷中正在防制朋黨，就是不准許同類的朋友，結成黨派，來影響國政。因此，同朝的眾官，都不敢前去送行，以免惹上麻煩。

　　獨有那王質，此時還有病在身，卻勇於備辦酒餚，在首都出關之處，殷殷餞送范仲淹。

　　事後，有朝中大臣告誡王質說：「別人都躲著，怕惹禍上身，你卻有膽去餞送范大人，你不怕因此而結為朋黨，遭受誣陷嗎？」

　　王質慨然回應道：「范大人是天下大賢，中外崇仰。我王質差他太遠了，如果我有幸竟能歸類為范大人的同黨，那真是我的榮幸，賜給我王質又深又厚了，我哪會猶豫躲避呢？」

【原文】

范文正公貶饒州，朝廷方治朋黨，士大夫莫敢往別。王質獨扶病餞於國門。大臣責之曰：君何自陷朋黨？王質曰：范公天下賢者，質何敢望之？若得為范公黨人，公之賜質厚矣。——宋、王闢之：《澠水燕談錄》、范文正條。又見：《宋史》、卷二百六十九、列傳第二十八。

【餘音】

王質確是耿直守正的人。以前他在蘇州任通判時，就直接指責蘇州府尹黃宗旦用不正當之法，引人入罪。事見《宋史》卷二百六十九。文長免錄。

96　宰雞歃血而定交

長江中下游以南的住民，以前稱之為越人，現在已經同化了。

越人如要相互定交，結成好友，必須有個儀式，為了結交，要築個祭壇，要宰殺紅毛雞和白毛狗，大家歃血，為盟誓說：「你乘高車，我戴舊笠，兩人覿面，你會下車，彼此施禮作手揖。」「我步行，你騎馬，路上相逢，你會為我而下馬。」

這種朋友定交大禮儀，現今似已少見了。

【原文】

越人定交，築壇，殺丹雞白犬，歃血而盟曰：卿乘車，我戴笠，他日相逢下車揖。我步行，卿乘馬，他日相逢馬當下。　──北宋、趙令時：《侯鯖錄》。

【餘音】

以前結交，十分嚴謹。例如劉備關羽張飛，在桃園三結義，必須殺白馬祭天，宰烏牛祭地。於今都已免了。

97　于令儀感化偷兒

曹州有位于令儀，家財頗為富厚。一晚半夜，有個小偷潛入行竊，被家裡幾個兒子抓到了，仔細一看，原來就是隔鄰不太遠的男丁。

于令儀問道：「看你平日的舉動都還守著規矩，為甚麼要作小偷呢？」回答說：「實在是家裡太窮，急於想找一點錢來買米下鍋餵肚子。」

于令儀仁心發動，問他需要多少錢？小偷說：「如果有十千銀錢，就可以不凍不餓了。」于令儀十分慷慨，就照數將現錢給了他。

這小偷道謝告辭，離了廳堂，由頭門外出。走沒幾步，于令儀突然又叫他回來。小偷一聽大驚，想必是于大人改變了心意，要把他送往官府治罪。但于令儀卻說：「你家歷來貧窮，大家早都知曉。今天半夜，你扛著十千現銀單獨回家，別人若問你哪裡賺來這許多錢？你恐怕無從解釋。」命他留在廳堂裡，直到第二天天色大亮，才又准他回去。

小偷大為感動，也深自愧疚，終於一心向善，成為一位良民。

【原文】曹州于令儀，家頗豐富。一夕，盜入其家，諸子擒之，乃鄰子也。令儀問曰：何苦而為盜？曰：迫於貧也。問其所欲？答曰：得十千，足以衣食。令儀如數予之。既去，呼之返。盜大恐，于謂曰：汝貧，半夜負十千以歸，恐為人詰。留之，至明，使去。盜大感愧，卒為良民。　——宋、玉闐之：《澠水燕談錄》、于令儀條。

【餘音】做壞事的人，有的是受環境情勢所迫。如果幫他一把，竟然改變其一生，確實有此可能的。

98　張英讓他三尺

清代張英，桐城人，官任文華殿大學士，卒諡文端。

他在北京為官，老家仍居桐城。宅旁有大片空地。有一年，鄰居新建房舍，起造圍牆，不經意佔了張家三尺土地，完工才發現。錯誤已經鑄成，無法拆讓，弄成僵局。

此時張英已貴為禮部尚書，官位顯赫。桐城家人便寫信稟告他，請他轉飭桐城縣長拆牆還地。

張英閱信後，沒有正面回示，只批回七言絕句一首：

「千里修書祇為牆　　（馳書告狀，只爭一牆）

　讓他三尺又何妨　　（睦鄰為上，三尺無傷）

　長城萬里今猶在　　（長城萬里，雄峙北方）

　不見當年秦始皇　　（始皇安在？政息人亡）

家人看了，知要息事寧人，便不再追究了。鄰居探知了這段經過，深受感動，便自動打掉圍牆重建，除讓出張府的三尺地之外，又再退縮三尺，形成寬敞巷道，方便行人。後人稱之為「六尺巷」。

【原文】

桐城張英故居，鄰家建屋，圍牆誤侵張家三尺，無法拆讓。張時已位居顯要，家人馳書以告，請轉囑地方官評斷。張得書，僅題七絕作覆云：千里修書祇為牆，讓他三尺又何妨，長城萬里今猶在，不見當年秦始皇。家人得書，遂不追究。事為鄰家得知，乃拆牆重建，除退還張府三尺，復再後縮三尺，後人以

六尺巷名之。── 清：《秋暉雲影錄》。

【另文一】

宋代楊玢，官尚書，舊居多為鄰家侵佔，子弟欲詣官府提訴狀。玢批示於狀尾云：四鄰侵我我猶伊，畢竟須思未有時，試上蒼元前殿望，秋風茨草正離離。子弟不復敢言。── 明・李暉吉：《龍文鞭影》二集。上卷・楊玢讓鄰。

【另文二】

明代楊翥，為禮部尚書。鄰家構舍，其甬溜墜其庭。公不問，但曰：晴日多，雨日少也。或又侵其址，家人欲訟，楊覆書勸止，有普天之下皆王土，再過些兒也不妨之句。── 明・鄭瑄：《昨非庵日纂》汪度第十。

【餘音】

人言「有土此有財」，一寸不肯相讓嗎？即算活時爭到手，死後哪能帶著走？張英、楊玢、楊翥，可謂三仁鼎立，都是極佳範例。

修身第四

99　欹器宥坐滿則傾

　　孔子到魯桓公的廟堂裡去參觀，看到一個形體歪斜容易傾覆的容器。孔子問守廟人說：「這是甚麼容器？」守廟人答：「這是放置在主人座位右邊的宥坐器。」（宥坐器，又叫欹器。古人放在坐位旁，用以警戒的盛水之器也。宥與右同，謂置于坐右以為戒也）

　　孔子說：「我聽聞這個容器，當它空著的時候，就成傾斜之狀，不空不滿的時候，就轉為端正，灌滿了水時，就傾倒了。」

　　孔子回頭對弟子們說：「往它裡面注水，來看看它的變動吧！」

　　弟子們便舀水，往空容器裡灌。真的是灌了一半不空不滿時，它變端正了；灌滿了水時，它就覆倒了；空而無水時，它變得傾斜了。

　　孔子歎道：「喲，哪有自滿而不翻倒的呢？」

【原文】孔子觀于魯桓公之廟，有欹器焉。孔子問守廟者曰：此為何器？守廟者曰：此蓋為宥坐之器。孔子曰：吾聞宥坐之器者，虛則欹，中則正，滿則覆。孔子顧謂弟子曰：注水焉。弟子挹水而注之，中而正，滿而覆，虛而欹。孔子喟然歎曰：吁，惡有滿而不覆者哉？──《荀子》、宥坐。

【餘音】滿便倒了，空就偏歪，這正是《書經、大禹謨》說的「滿招損，謙受益」之意。也就是說自滿者人損之，自謙者人益之。此理甚明，不須辭費。另外、筆者對此篇熟知已久，就想自己來做一個這樣的欹器，它不是對稱的形狀，一邊低，一邊高，故空時是傾斜的。儲水一半時，就會變正。水滿時，就應傾倒，可是一直沒有作成。讀者倘有興趣，何不也來試試？

100 曾參殺人曾母投杼

以前，曾子住在費這個地方。

費地有一個與曾子同族又同名的人，殺了人，犯了案。有人告訴曾子的母親說：「曾參殺人了！」母親肯定地說：「我兒子不會殺人！」神情自若地繼續織布。

過了一會兒，又有人來說：「曾參殺人了！」他母親聽了，沒有回應，還能照樣的織布。

不多久，又有人來說：「曾參殺人了！」他母親心生懼怕，扔下織布的梭子，從後院翻牆逃避了。

【原文】

昔者、曾子處費。費人有與曾子同名族者而殺人。人告曾子母曰：曾參殺人。曾子之母曰：吾子不殺人。織自若。有頃焉，人又曰：曾參殺人。其母尚織自若也。頃之，一人又告之曰：曾參殺人。其母懼，投杼踰牆而走。——《戰國策》、秦策二。

【餘音】

流言可畏，假話如果接續聽到，難免就會誤以為真。以曾子之賢，曾母之信，但三人言之，則慈母也不能不暫避也。梁簡文帝評曰：「讒言三至，當母投杼。」不被訛言動搖者很難。

101　公儀休愛魚不受魚

公儀休，官任魯國穆公時代的宰相（《孟子・告子下》「魯穆公時，公儀子為政。」）喜歡吃魚。魯國有多人送魚給他，他都不肯接受。

他的學生問道：「老師你愛吃魚，卻又不接受國人送魚，為甚麼呢？」

公儀休答道：「正是因為我愛吃魚，才不能接受送我的魚。如果接受了，便可能由於無端收賄而遭到免除宰相的處置。到那時，我雖愛魚，卻缺錢買魚，這叫貪小而失大。我今不受魚，就不會被罷黜，有能力長期自己買魚呀！」

【原文】

公儀休相魯而嗜魚。一國獻魚，公儀子不受。其弟子諫曰：夫子嗜魚，弗受何也？答曰：夫唯嗜魚，故弗受。夫受魚而免于相，雖嗜魚，不能自給魚。毋受魚而不免于相，則能長自給魚。── 選自《淮南子・道應訓》。

【另文一】

公儀休，為魯相。客有遺相魚者，相不受。客曰：聞君嗜魚，因遺君魚，何故不受也？相曰：以嗜魚，故不受也。今為相，能自給魚。倘受魚而免，誰復給我魚者？故不受也。── 見《史記》循吏列傳第五十九。

【另文二】

昔者、有餽魚於鄭相者,鄭相不受。或謂鄭相曰:子嗜魚,何故不受?對曰:吾以嗜魚,故不受魚。受魚失祿,無以食魚。不受得祿,終身食魚。—— 漢·劉向:《新序》卷七·節士上。

【另文三】

公孫儀相魯而嗜魚,一國爭買魚獻之,公孫儀不受。其弟諫曰:夫子嗜魚而不受者,何也?對曰:夫唯嗜魚,故不受也。夫既受魚,必有下人之色,將枉於法。枉於法,則免於相。免於相,雖嗜魚其誰給之?無受魚而不免於相,雖不受,能長自給魚。—— 明·馮夢龍:《增廣智囊補》、卷上、上智。

【餘音】

《孟子·萬章上》說:「非其義也,非其道也,一介不以取諸人。」《孟子·離婁下》說:「可以取,可以無取,取、傷廉。」在辭受取予之間,要嚴謹地把握住該受或不該受的分寸,這只是守廉的起碼條件。因有分教:

  宰相公儀休,

  不肯貪小利;

  拒魚相位穩,

  是個好範例。

102　彌子瑕得寵又失寵

　　春秋時代，衛國大夫彌子瑕，很得衛靈公的寵愛。衛國的國法規定，私自駕駛國君的御車，要受刑砍掉腿腳。彌子瑕母親生病了，有人在夜間告知彌子瑕，他假傳衛君的命令，駕駛著御車趕回家去。衛君知悉後贊揚彌子瑕說：「真是個孝子啊！因為母親生病，連砍腳的刑罰都不顧了。」

　　另有一天，彌子瑕陪同衛君在菓園裡遊覽，彌子瑕摘了一個桃子吃，覺得很甜，就把剩下的沒有吃完的半顆桃子，獻給衛君吃。衛君吃著桃子說：「他太愛我了呀！自己不肯吃完，而拿來給我來嚐。」

　　等到彌子瑕人老珠黃，不再受到寵愛，因事得罪了衛君，衛君就指責說：「彌子瑕以前就假傳我的命令駕走了我的御車，又曾讓我吃他啃過的半個桃子！」

　　從這事可以看到：彌子瑕的行為，當初並沒有甚麼改變，但以前因此而受到寵幸，後來卻又以此而受到指責，原因是衛君的愛憎心情產生了變化之故也。

【原文】昔者、彌子瑕有寵於衛君。衛國之法：竊駕君車者罪刖。彌子瑕母病，人聞之，夜告彌子。彌子矯駕君車以出。君聞而賢之曰：孝哉！為母之故，忘其犯刖罪。異日，與君遊於果園，食桃而甘，不盡以其半啖君。君曰：愛我哉！忘其口味，以啖寡人。及彌子色衰愛弛，得罪於君，君曰：是固嘗矯駕吾車，又嘗啖我以餘桃。故彌子之行，未變於初也，前之所以見賢，而後之所以獲罪者，愛憎之變也。——《韓非子》、說難第十二。

【餘音】「馮婦搏虎」，有人贊他，有人笑他（見《孟子·盡心下》）。凡事自己要有主見，不宜讓人牽著鼻子走。

103　軟舌在而硬齒斷

　　常摐張開大口，給老子察看，問道：「我的舌頭還在嗎？」老子說：「在！」

　　常摐再問：「我的牙齒還在嗎？」老子說：「沒有了！」

　　常摐說：「請問你可知道是甚麼原因？」老子說：「那舌頭之所以存在，難道不是因為它柔軟能適應嗎？牙齒之所以沒有了，不就是因為它剛硬而易於折斷嗎？」

　　常摐說：「哈啊！沒有錯。天底下的事情都是這樣的啊！」

【原文】

常摐張其口以示老子曰：吾舌存乎？老子曰：然。吾齒存乎？老子曰：亡。常摐曰：子知之乎？老子曰：夫舌之存也，豈非以其柔耶？齒之亡也，豈非以其剛耶？常摐曰：嘻！是已，天下之事已盡矣。── 劉向：《說苑》、敬慎。

【餘音】

柔者易存，剛者易折。但一直柔軟不可以，一直剛強也不行。最好是當剛則剛，當柔就柔。如此剛柔相濟，才會處事無往而不利。

104　謗書一篋誹樂羊

　　戰國時代，魏文侯指派武將樂羊去攻打中山國，經過三年，把中山國攻佔了。樂羊帶著得勝的心情回朝，自以為打敗中山，戰功不小，頗為得意。

　　魏文侯拿出一小箱文件，交給樂羊審看，全都是攻訐樂羊、誹謗樂羊的各方文件。但魏文侯對樂羊有信心，才使得樂羊終於征服了中山國。

　　樂羊再三拜謝，用頭觸地，誠心啟奏道：「攻下中山，不是微臣之功，實在是主君任而能信，信而能堅的力量所促成的。」

【原文】

魏文侯令樂羊攻中山，三年而拔之。樂羊反而語功。文侯示之謗書一篋。樂羊再拜稽首，曰：此非臣之功，主君之力也。
── 漢、劉向：《戰國策》、卷四、秦二。

【餘音】

堅信才能成事，誤信卻能毀人。

105　梁上君子

東漢陳寔，字仲弓。他好學不倦，品格端正。

有一年遇到災荒，百姓生活艱困。有個小偷，晚上潛入陳寔家中，藏身在廳堂的橫梁上，想等家人睡後，好偷財物。

陳寔暗中發覺了，他不動聲色，自己穿好整齊衣服，把廳堂裡的香案茶几坐椅都拂拭潔淨，他端肅地坐在正上方，把兒孫輩都召喚過來，集合在廳堂裡，凝重的訓示他們說：「我們為人，不可不自己勉勵，以免走到壞路上去。有些人不走正路，未必本就不好，但壞事做多了，習性已成，便難得回頭。例如今晚這『梁上君子』，就是個實例。」

這個小偷，對陳寔的全部動作，都瞧見了，只好自動下來，伏在地上，叩頭請罪。

陳寔溫和地開導他說：「看你的像貌和舉動，不是個壞人，希望能改過向善。不過今晚你躲在梁上，想必也是窮困所迫吧！」便送給他絹綢兩匹，讓他回家。

這件事傳播開來，全縣再也沒有小偷了。

【原文】陳寔，字仲弓，好學，品端。有一年，歲荒民儉，有盜夜入其室，止於梁上。寔陰見，乃起自整拂，呼命子孫，正色訓之曰：人不可不自勉。不善之人，未必本惡，習以性成，遂至於此，梁上君子者是矣。盜大驚，自投於地請罪。寔喻之曰：視君狀貌，不似惡人，然此當由貧困。遺絹二匹。自是無有竊盜。
── 南朝宋、范曄：《後漢書》、卷九十二、列傳第五十二。
【餘音】陳寔寬大，恩威齊下；梁上君子，自此感化。

106　陶侃飲酒有限量

晉代陶侃，官大將軍，後轉荊州刺史，坐鎮武昌。

武昌號為名士眾多之地，殷浩、庾翼等人，都是陶侃手下的輔佐官。陶侃每次飲酒時，都有定量的限制，常常歡樂有餘但酒限已滿，他就不喝了。殷浩等人建議他再多喝一點點應也無妨。

陶侃悽然沉默，良久才緩緩解釋說：「我在少年時候，曾經因為酒醉而誤了大事，媽媽與我相約，飲酒要有限量，到了限量就不能添加。如今母親已經過世了，我更不能背著她來私自超量了呀！」

【原文】

陶侃，為將軍，又領刺史，鎮武昌。武昌號為多士，殷浩、庾翼等人，皆為侃之佐吏。侃每飲酒，有定限，常歡有餘而限已竭。浩等勸更少進，侃悽懷良久，曰：年少曾有酒失，亡親見約，故不敢踰——唐、房玄齡：《晉書》、卷六十六、列傳第三十六。

【餘音】

酗酒誤大事，史跡多的是。陶侃自設限，應是好模範。

107　毒酒待丈夫

　　有個文士，獨身到遠處任新官。妻子在家，與姦夫私通。後來，得知丈夫要回家了，姦夫憂心私情會要斷絕。妻子說：「不必擔心，我已經做好了毒酒，等丈夫回家，就要毒死他。」

　　隔了三天，丈夫回家了。妻子指派小妾，端著毒酒，去敬丈夫。這位小妾一想：我若說穿了這是毒酒，那大妻就會被趕出家門。如果我知而不說，那丈夫就會毒死。怎麼辦？在這兩難之際，小妾便假裝跌倒，把毒酒潑了。丈夫不知真象，還大發脾氣，把小妾打了一頓鞭子。

　　請看這位小妾，故意跌此一跤，遮掩了大妻的不貞，保全了丈夫的不死，卻招來自己的不幸，默受鞭子的笞打，豈不是為了忠信反而受過嗎？

【原文】

客有遠為吏，其妻私於人。其夫將歸，其私者憂之。妻曰：勿憂，吾已作毒酒待之矣。居三日，其夫果至。妻使妾舉毒酒進之。妾欲言酒中有毒，則恐其逐主母也。欲勿言乎，則恐其殺主父也。於是乎佯僵而棄酒。主父大怒，笞之數十。此故事：妾一僵而覆酒，上存主父，下存主母，然而不免於受笞，此守忠而獲罪者也。——《史記》卷六十九。蘇秦列傳。又見：《戰國策》燕人有惡蘇秦篇。

【餘音】

正妻養毒害丈夫，小妾當場不能說；
潑酒挨鞭身受笞，這種懿行是女傑。

108　鄒忌不若徐公美

　　戰國時代，有個鄒忌，身高八尺有多，而且容貌莊逸。一天早晨，他穿戴好衣帽，照了照鏡子，問他妻子道：「我與城北的徐公相比，哪個較美？」妻子說：「你非常美，徐公哪能比得上你呀！」

　　城北的徐公，是齊國公認的美男。鄒忌不敢相信妻子的話，又去問他的小太太：「我與徐公，誰個最美？」小太太答道：「徐公雖美，哪可比得上你的美呀！」

　　上午了，有客人來訪，坐在一起交談，鄒忌順口問客人說：「我與城北徐公，兩人相較，你看誰算最美？」客人答說：「徐公趕不上你的美！」

　　第二天，徐公來到鄒忌家，鄒忌認真地審視一番後，自認為確實不及徐公美。又自己對著鏡子注視，更覺得相差很遠。

　　到了晚間，他躺在床上，想通了，對自己說：「我妻子說我美，是由於愛我；我小太太誇我美，是因為怕我；客人贊我美，是基於有事要求我幫助呀！」

【原文】鄒忌、修八尺有餘，體貌昳麗。朝服衣冠窺鏡，謂其妻曰：我孰與城北徐公美？其妻曰：君美甚，徐公何能及君也。城北徐公，齊國之美麗者也。忌不自信，而復問其妾曰：吾孰與徐公美？妾曰：徐公何能及君也。旦日，客從外來，與坐談，問客曰：吾與徐公孰美？客曰：徐公不若君之美也。明日，徐公來，熟視之，自以為不如；窺鏡而自視，又弗如遠甚。暮，寢而思之曰：吾妻之美我者，私我也；妾之美我者，畏我也；客之美我者，欲有求於我也。──《戰國策》、齊策──。

【餘音】恭維說的阿諛話，耳朵軟者聽得下；倘你不往深處想，事後才知上了當。

109　李勣煮粥

　　唐代李勣（音積），字懋功。本姓徐，叫徐世勣。唐太宗因他立了大功，賜他姓李。又因唐太宗叫李世民，避諱去掉世字，單名李勣。後來封英國公。

　　他純誠友愛。老姐姐在家病了，李勣親自替她熬稀飯，煮粥餵她。那時代，煮粥用的是瓦罐，灶內燒的是柴枝。必須守在灶旁，隨時照顧粥水乾了沒有？柴火旺了沒有？李勣年紀大了，動作有欠靈敏，煮粥又不在行，添火加柴吹氣時，火苗一時旺起，往灶口外噴出來，把長長的鬍鬚燒著了。趕忙撲打，燒痕仍在。

　　老姐姐看到了，很不忍心，怪他說：「好啦，算了吧！女僕丫鬟那麼多，偏要自己來煮，這是何苦？瞧你笨手笨腳的，鬍鬚都燒著了，不要弄了吧！」

　　李勣回應道：「姐姐常有病，而我又年歲老了。以後即使想幫你煮粥，還能煮幾回呢？」

【原文】

李勣，字懋功。本姓徐氏，唐太宗賜姓李。因避諱，去掉世字，單名李勣。性友愛，其姊病，嘗自為粥而燎其鬚。姊戒止。答曰：姊多疾，而勣且老。雖欲數進粥，尚幾何哉？——《新唐書》、卷九十三、列傳第十八。又見：《龍文鞭影》、卷上。

【餘音】

粥豈無人煮，鬚燒受姊呵；

衰年知日少，侍疾哪嫌多？

110　用紙衣瓦棺入斂

　　殘唐五代，指唐末的梁唐晉漢周五個朝代。周朝史家稱為後周。由郭威開國，是為周太祖。

　　郭威多次告誡兒子郭榮（封為晉王，後繼位為周世宗）說：「以前作戰，我常西征，親見前朝唐代的十八陵（指唐高祖、太宗、高宗、中宗、睿宗、玄宗、肅宗、代宗、德宗、順宗、憲宗、穆宗、敬宗、文宗、武宗、宣宗、懿宗、僖宗等十八位皇帝的陵墓），無一座不遭匪徒挖掘，目的是盜墓劫財，原因無他，只因墓內甚多黃金寶玉之故，結果是死不安寧。

　　「因此、我死後，只須披上紙衣，棺用瓦製，不要守靈官，不在墓地安置石羊虎馬，只須刻一石碑，上書『周天子平生好儉約，遺命用紙衣瓦棺入葬，繼位世宗，不敢違背遺訓。』如果你不照辦，我將不會福佑於你！」

【原文】

帝屢戒晉王曰：昔吾西征，見唐十八陵，無不發掘者，此無他，惟多藏金玉故也。我死後，當衣以紙衣，斂以瓦棺，勿置守陵之官，勿作石羊虎馬。惟刻石置陵前云：周天子平生好儉約，遺令用紙衣瓦棺，嗣天子不敢違也。汝或吾違，吾不福汝。

——《資治通鑑·後周紀·周太祖》。

【另文一】

長孫皇后告唐太宗：我在生之日，無益於時。今將命終，不可浪費。葬者、藏也。我死後，只須就地入土，用瓦器陪葬，就合我意了。──《舊唐書‧卷五十一》。

【另文二】

兵部尚書盧承慶交待兒子：我死後，殮以常服，不用牲牢，事辦即葬，不須卜日擇地，不可大事張揚，不要千人送殯。──《舊唐書‧卷八十一》。又見：孔平仲《續世說‧卷五》。

【另文三】

北宋宰相王旦，面託後事：王旦病重，請來工部侍郎楊億，面託後事說：我死後，遺體火葬，喪事必須簡約。我這心意，雖已愷切諭知兒輩，但恐他們拘於世俗禮儀，不依我之願望辦事。所以我特拜託你楊侍郎，請你從旁叮嚀督告。──宋‧釋家‧文瑩《續湘山野錄》。

【餘音】

人死了，就一了百了。身後喪事的舖張，墓地裝飾的堂皇，都是要爭取體面，做給活人看的。死者已無知覺，沒法感受豪華。故筆者也已預立遺囑，死後立即火化，骨灰給予海葬，不留痕跡在人間，給地球乾淨一點，也是最終一份功德呀。

111　王旦不要玉帶

　　北宋宰相王旦，性情沖淡，物質欲望微少，住所簡約，衣服被褥都很樸素，是一位不講究外表華美的好官。

　　有人販賣玉帶，就是用玉片鑲嵌的腰帶。王旦家中晚輩，見玉帶可愛，就呈給王旦說：「這玉片晶瑩剔透，綠碧玄白相間，高貴而富厚，會大增光采。」

　　王旦叫他把玉帶繫在自己腰上，問他道：「你還看得見這華美的玉帶嗎？」

　　晚輩答說：「玉帶圍在我腰腹之間，我自己哪會看得到？」

　　王旦說：「是呀，這玉帶確實極美。但玉塊鑲了這麼多片，弄得很沉重。如果要自己忍受重量，只是讓別人說美，豈不是過勞嗎？何必虧待自己？」沒有要了。

【原文】王旦沖淡寡欲，所居甚陋，被服質素。有貨玉帶者，子弟以為佳，呈旦。旦命繫之，問曰：見佳否？答曰：繫之，安得自見？旦曰：自負重而使觀者稱美，無乃勞乎？亟還之。
── 清・畢沅：《續通鑑》。宋紀・真宗。又見：趙伯平：《續通鑑雋語》宋紀、真宗・王旦七。又見：明・曹臣：《舌華錄》、慧語第一・王旦。

【另文】尚文，官中書左丞。西域人有賣珍寶者，要價六十萬錠。文問：有何用？答曰：此所謂押忽大珠也。含之可不渴，熨面可使雙目有光。文曰：一人含之，千萬人不渴，則誠寶也。若一寶祇濟一人，則已微矣。 ──《元史》、卷一百七十。

【餘音】裝飾品有時需要，但必竟是陪襯而已。

112　韓億索杖訓兒

北宋時代，有位韓億，他性格方正，以治家嚴肅聞名。

當他在安徽亳州任太守時，次子在西京洛陽任官為中書舍人，特地來亳州向父親請安。韓億心喜，便備辦酒席，邀集親友及僚屬一同歡宴。

在筵席杯酌暢敘之際，有人順便問韓家二郎說：「聽聞你們西京洛陽，最近發生一件死囚的罪案有疑，呈報朝廷定讞的事件，其詳情真相究竟是為何？」他兒子思索了好一陣，竟然無法回答。

韓億見到兒子如此尷尬，不覺怒氣橫生。他使力把餐桌推移，好讓自己起身，尋了一根手杖，責備兒子道：「你支領了國家的厚俸，政務不分大小，都該知道。如今連少見的死刑大辟案件都記不起來，那些比這輕微的事件更會不知曉了，國家養你這種廢料何用？」一邊說一邊就要當眾責打他。眾多賓友力勸，方才罷手。他治家訓子之嚴如此。

【原文】宋、韓億，教子嚴肅。知亳州，次子舍人自西京告省。公置酒，召親友及僚屬同宴。席間有人問二郎：西京有死囚疑獄奏讞者，請道其詳。舍人思之久，未能答對。韓億推案，索杖曰：汝食朝廷厚祿，事無巨細，皆當在心。大辟奏案尚不能記，則細務不舉可知。必欲撻之，眾賓力解方已。──明、蕭良友：《龍文鞭影》、二集、下卷、韓億索杖條。

【餘音】死刑竟爾忘記，兒子太不爭氣；當眾施以撻罰，韓億家教嚴屬。

113　王安石喜食獐脯

　　宋代王安石，字介甫，封荊國公。任宰相時，有人說他喜吃燻乾的獐肉。他夫人覺得奇怪，很清楚他對飲食從不選擇或挑剔，為何忽然喜吃獐肉？

　　夫人找來管饍事的人，問道：「你何以知道王相公喜吃獐肉？」

　　回答說：「每次相公用餐，別的菜都很少動，獨有獐肉吃光了。」

　　夫人問：「進餐時，這盤獐肉放在何處？」

　　回答說：「放在最近處，筷子容易夾到的地方。」

　　夫人吩咐說：「明天換一換，把另一盤菜換到近處試一試看吧。」

　　明天一試，果然是近處的那一盤菜吃光了，稍遠的那盤獐肉卻未動過。原來王安石只是就近處夾菜，並不是喜好哪一盤。別人或許見他個性固執，稱他為拗相公，實際上他只是專心一致呢。

【原文】王荊公執政時，或言其喜食獐脯。夫人聞而疑之，以其平日未嘗有擇於飲食，何忽獨嗜此？因問執事者曰：何以知公之嗜食獐脯？曰：每食、不顧他物，而獐脯獨盡。復問：食時，置獐脯何所？曰：在近匕箸處。夫人曰：明日姑易他物近匕箸。既而，果食他物盡，而獐脯獨在。是知其特以近匕箸就食，並非有所偏嗜也。——宋、朱弁：《曲洧舊聞》、王荊公條。

【餘音】司馬光《與王介甫書》說：「今天下之人，惡介甫，詆毀無所不至，光獨知其不然。介甫固大賢，其失在於用心太過、自信太厚而已。」

114 溫公受酒仍還酒

北宋司馬光，封溫國公，故又稱司馬溫公。當他任御史臺高官時，由於政務需要，經常自陝西到洛陽，開封之間往還，隨行者不過兩三人而已。他騎驢往返，別人都不知道這就是司馬溫公。經過州縣時，也避免讓當地官府知道。

有一次，司馬光由洛陽去陝西，當時陝西太守劉航，字仲通，得知司馬光要經過他的轄地，特別派員前去迎接，哪知司馬光已從城外繞行，走過天陽津了。劉航急忙派人追上，送呈四罈美酒。

司馬光不肯收受，送酒的官員懇求道：「如果您溫公不受此酒，我回去會受到很重的責罰。」司馬光不得已，勉強收下兩罈。

溫公繼續前行，過了三十里，到了張店鎮。司馬光留下兩罈美酒，託張店鎮的官衙代他還給劉航。既免讓送酒的中間人為難，也維持了不受禮物的風格。

【原文】溫公，嘗往來於陝洛之間，從者纔二三人。跨驢道上，人不知其為溫公也。每過州縣，不使人知。一日、自洛趨陝，時陝守劉仲通，知公之來，使人迓之，公已從城外過天陽津矣。劉急遣使者以美酒四樽遺之，公不受。來使云：若不受，必重得罪。公不得已，受兩樽。行三十里，至張店鎮，於鎮官署復還之。——宋、馬永卿：《懶真子》、溫公條。

【餘音】無端收到禮物，欠他一份人情；回報煞費苦心，最好當初不受。

115　解鈴還是繫鈴人

金陵，就是南京市，有個清涼寺，寺中有位泰欽法燈禪師，當他還是個普通和尚時，性情豪爽飄逸，一副無所事事的模樣，眾人都瞧不起他，只有住持和尚法眼禪師器重他。

一天，法眼禪師考問大家：「老虎脖子上繫了一個金鈴鐺，有誰能把它解下來？」大家都無能回答。

法燈禪師剛好此時走進來，法眼禪師就用剛才的問題問他。法燈回答說：「那個繫掛金鈴在老虎脖子上的人就能解得開！」法眼由是對大家說：「你們這些人，絕對不要輕視他呀！」

【原文】

金陵清涼寺泰欽法燈禪師，性豪逸，不事事，眾易之，法眼獨器重。法眼一日問眾：虎項金鈴，是誰解得？眾無對。法燈禪師適至，法眼舉前語問，師曰：繫者解得。法眼曰：汝輩輕渠不得。── 明、瞿汝稷：《指月錄》、二三。

【餘音】

首先，不要憑衣貌評斷人，多少人常是才不外露。其次，解決難題，要從根源處下手。「快刀斬亂麻」，便是佳例。

116　毛先舒不看相

毛先舒，字稚黃，明末人，為「西泠十子」之首。

有一天，友人推薦一位相士陳鐵嘴要替他看相。介紹時說：「這位相士的相術，足可與漢代替大將軍周亞夫看相奇準的許負相比（《史記·絳侯世家》說：「許負為周亞夫看相，鐵口斷他三年封侯，八年為相。」都說中了。），值得一試。」

毛先舒回應道：「若論貧賤，這本是我現在所自有的嘛。若論富貴，那本不是我所奢望的嘛。若論年壽短長，這原是命中早經注定了的嘛。我們只要不憂不懼的過日子就對了。至於命運如何？我自己已經謹慎的評估過，而無必要煩勞這位陳大師來替我解釋呀！」

【原文】

有客荐相者陳生於毛稚黃，謂其術可比之許負。毛曰：貧賤吾所自有，富貴本非所望。夭壽不貳，修身俟之，僕自相審矣，無煩此公饒舌。 —— 清·王晫：《今世說》·賞鑒·有荐相者。

【餘音】

一個人的成功或失敗，不是依賴相貌，而是看他學識的深淺、任事的勤惰、經驗的豐澀、鬥志的旺衰、觀念的正斜、品德的端劣、健康的強弱、友朋的損益來決定的。其中必然有挫折，有打擊，都必須逆來順受，再接再勵，這才是人生。倘若是：我的相貌奇優，相士斷言我有做院長的命，是否我只須在家睡覺，那個院長的任命狀就會頒給我嗎？

117　小妾擊盜

　　益都西鄙人某，娶妾甚美。嫡妻遇之虐，時加鞭箠，妾甘受之無怨言。一夜、盜入其居，夫婦惶懼，不知所為。妾於暗中，手操一杖，挺身入正堂，以杖擊賊，踣（擊倒）數人，餘皆奔竄。

　　妾厲聲曰：「鼠子不足辱吾杖，且乞汝命，今後勿來送死。」

　　賊去，夫詢其何以能爾（為何能如此勇武）？則其父故受拳勇之技於少林（習武），以傳之女，百夫敵也。問何以受嫡虐（受正妻之凌虐）而不言？曰：「固吾分也（名分），何敢言？」自是夫婦皆愛之，鄰里加敬焉。

【原文】

清、王士禎：《池北偶談‧談異》。文句同上。

【餘音】

長年遭嫡虐，甘受不抗駁；
杖潰強盜群，武功顯高卓。

118　佛誕日放生

　　某巨公，四月八日，在佛寺前河邊放生。遇一遊僧問曰：「公在此作何事？」曰：「作好事也。」又問：「何為今日作好事？」曰：「佛誕日也。」又問：「其餘三百五十九日，皆不當作好事耶？公今日放生，是眼前功德，不知歲歲庖廚之所殺，足當此數否？」巨公不能對。知客僧代叱曰：「貴人護法，三寶增光，窮和尚何敢妄語？」遊僧且行且笑曰：「紫衣和尚不語，故窮和尚不得不語也。」掉臂逕出，不知所往。一老僧竊歎曰：「此闍黎大不曉事。然在我法中，自是突聞獅子吼矣。」

【原文】
清・紀曉嵐：《閱微草堂筆記》卷十。如是我聞四。文句同上。

【另文】
獻鳩：邯鄲之民，以正月元旦，獻鳩於簡子，簡子大悅，厚賞之。客問其故？簡子曰：正旦放生，示有恩也。客曰：民知君之欲放生，竟相爭捕，死者眾矣。不若禁民勿捕，捕而放之，恩過不相抵矣。——《列子》說符。又見：明・鄭瑄：《昨非庵日纂》廣慈。

【餘音】
你要放生求福，我就多捕魚鳥。死的不少，我賺錢了。哪管魚鳥遭殃。這是祈福？還是造孽？

119　高帽一頂送老師

俗話稱那些喜歡別人當面奉承的人為愛戴高帽子。有個原在朝廷中任官的人，派他往遠處去做地方官。赴任之前，他到老師那裡辭行拜別。老師叮嚀他說：「現在外地政情複雜，為官要謹慎小心！」

這位學生說：「老師請放心，我已準備了一百頂高帽子，逢人就送他一頂，這樣就可以消除許多麻煩了。」

老師聽了，很不高興，責怪他說：「我們立身處世，應以直道待人，按正規辦事，何須要使用這一套虛妄的把戲？」

學生說：「天下像老師這樣不喜歡戴高帽的人，又有幾個呢？」

老師聽了這句話，便情不自禁地點著頭說：「你的這句話，也不是沒有道理呀！」

學生辭別老師出門後，對人吐露心意說：「我的高帽子一百頂，已送給了老師一頂，如今只剩下九十九頂了！」

【原文】俗以喜人面諛者曰喜戴高帽。有京官調職於外地者，往別其師。師曰：外官不易為，宜慎之。其人曰：某備有高帽一百，逢人輒送其一，當不至有所齟齬也。師怒曰：吾輩直道事人，何須如此？其人曰：天下不喜戴高帽如吾師者，能有幾人歟？師領其首曰：汝言亦不為無見。其人出，語人曰：吾高帽一百，今只存九十九矣。── 清、俞樾：《一笑》。

【餘音】高帽人人愛，免費請你戴，真相遭掩蓋，難辨好與壞。

120　吳稚暉不肯做壽

黨國元老吳稚暉，年高德劭，但不願做壽。當他八十大慶之際，友朋們要為他慶生，他急忙寫一封公開信來辭謝。信中說：

「吾母方孕我，我父夢祖父告之曰：『吾將在陰間買一小孩，價錢按體重計算。唯過秤時，賣者曾將秤鉤鉤入肚臍而秤。』並言已作記號。既而生我，左臂有一紅斑如蠶豆大，信係祖父瞞了閻王買來者。戒勿做壽，如要堂前點燭焚香以敬拜天地，驚動土地公去報告閻王，我就會被拘回陰間。」

但他生日那天，仍有人主動備辦禮物，登門拜壽。吳稚暉一概謝絕，直言道：「做甚麼壽？不要！」

【原文】

近代、吳伯卿：《近代人物與史事》、第三十四篇、大老吳稚暉。文字同上。

【餘音】

吳稚暉大老，字敬恒，華夏之瑞，黨國之勛，他是偉大的文學家、哲學家、教育家、書法家、社會改革家，而且是國父孫中山先生所推重的革命聖人。死後遺體火化後海葬於金門海灣，深受吾輩崇仰。

121　我不姓王

　　民國初年，國民政府為要統一全國南腔北調的語音，特在北平召開「推行國語讀音統一大會」。討論中，有北平文化界權威王樸，他發表主張說：「北京話悅耳，好聽，應該推行到全國，定為國語。」

　　黨國大老吳稚暉也出席了，他卻說：「注音符號拼音的國語，包含了北京話，人人易懂，應以此推行為國語。」

　　雙方你來我往，爭執不下。王樸說理辯不過稚老，性情又燥急，竟然破口大罵道：「老王八蛋！偏要堅持己意，你可曾懂得語音學？」出語粗野，全場為之愕然。

　　稚老聽了，毫未動氣，不慍不火，慢慢地笑著回答說：「我不姓王，王先生你弄錯了！我姓吳，但絕不敢錯認是貴本家也！」引發全場哄然大笑。

【原文】

請見張文伯：《吳稚暉先生傳記》、民 74 年 9 月台北傳記文學社出版、頁 251。又見馬治民：《稚老軼事》、民 104 年 8月 15 日聯合報 A15 版。文字同上。

【餘音】

吳稚老在笑談中，把「王八蛋」稱呼原璧奉還給王樸，具見其修養高超極了。質言之，橫逆粗鄙之語，只是顯示對方品德低劣，不值得與他爭個是非曲直。瘋狗咬你一口，你難道要去反咬它一口？自己不也變成瘋狗了嗎？

122　只羨鴛鴦

　　前行政院長孫運璿（1913-2006）與夫人俞蕙萱二老，最可愛也最讓人感動的是兩人無聲勝有聲，常常用眼神瞬間交會，就知道對方心裡的想法。院長更是天真，不管是生日或情人節，和夫人握握手、親一下的動作，夫人就會一臉嬌羞及滿足。平時吃的用的都會想到對方，看到老伴確實有了，才會安心。真的讓人十分羨慕，才確切體會到「只羨鴛鴦不羨仙」的真正涵義。

【原文】
選自天下遠見出版公司《懷念孫運璿》第 278 頁。孫運璿學術基金會策畫。2007 年出版。

【餘音】《詩經・國風・邶・擊鼓》篇中說：「執子之手，與子偕老」。簡單八個字，道盡夫婦間的默默濃情。

123　不受麻油

　　基隆市馬記麻油廠老闆馬瑞凱說：「孫運璿任經濟部長期間，我帶了四瓶麻油去孫家，禮小物微，但心意誠實，交給副官後，告辭了。」

　　隔天，孫部長派秘書把麻油退還。秘書解釋說：「孫部長交代：『不可隨便收禮。』還責備了代收麻油的副官。」

【原文】

錄自民 95 年 2 月 26 日聯合報。又見：《懷念孫運璿》一書第 63 頁，天下遠見出版公司 2007 年出版，由孫運璿學術基金會策畫。文字同上。

【餘音】

觀察某人品格之良窳，要從小處著眼。若是送來黃金珠寶，當事者會在拒受之間，裝模作樣，掩飾其本來面目。再者：收受他人禮物，就欠一份人情，日後有所請求，很難嚴詞拒絕。從孫部長不受麻油這樁小事來看，顯得廉正不苟，洵是良範。

124　羊蒙虎皮

　　有一隻羊，全身蒙著老虎的皮，外表看來，像是一隻真老虎。但一見到嫩草，就顯得十分喜悅，想要嚐它幾口。可是一遇到豺狼，卻又嚇得戰戰兢兢，只想逃命，忘記了身上正披著老虎皮了。

【原文】

羊質而虎皮，見草而悅，見豺而戰，忘其皮之虎矣。── 見漢．揚雄《法言．吾子》。

【另文】

所謂羊質虎皮，見豺則恐，吁哉！── 見《後漢書．劉焉傳論》。

【餘音】

羊終歸是羊，即使身披虎皮，也難奮發虎威，英武不起來。見到青草，就想品嚐。遇到豺狼，就渾身發抖，以為要送命了。這乃是本性難改之故。請看有些人士，裝扮得西裝革履，有似高官貴冑，難以攀交。一旦與他接談兩句，就發現他出言俗不可耐，胸欠文墨，這也是本質難移之故也。

125　髑髏怕強而欺弱

　　有個田不滿，晚上走路，迷失了方向，誤入亂墳之地，一腳踩到了一顆死人的頭顱骨，我們稱之為髑髏。

　　髑髏喊叫道：「不許你損壞我的臉面，不然我要把災禍降臨到你的身上！」

　　田不滿是個憨直強悍不怕事的人，他呵叱道：「誰要你在這兒來擋路？」髑髏說：「是別人把我移到這兒來的，並不是我要擋你的路。」

　　田不滿又呵叱道：「那你為甚麼不把災禍降給移你到這兒來的人的頭上呢？」髑髏說：「他的氣勢正在旺盛期，我無從奈何他。」

　　田不滿冷笑一聲，又怒斥道：「難道我的氣勢就衰弱了嗎？你害怕氣盛的人，而欺侮衰敗的人，這是甚麼道理？」髑髏哭著說：「你的氣勢也強，因此我也不敢降禍給你，只是虛張聲勢，嚇唬你一下而已。怕強而欺弱，世人都是這樣，你怎可責怪一個鬼呢？現在請你可憐我，把我埋進土窟窿裡，這便是對我的恩惠喲。」

　　田不滿沒有理他，大步沖出亂墳堆，只聽見身後傳來哭聲，最後甚麼災禍也沒有發生。

【原文】田不滿夜行失道，誤經墳墓間，足踏一髑髏。髑髏作聲曰：毋敗我面，且禍汝。不滿憨且悍，叱曰：誰遣汝擋路？髑髏曰：人移我于此，非我當路也。不滿又叱曰：汝何不禍那移汝者？髑髏曰：彼運方盛，無如何也。不滿笑且怒曰：豈我衰耶。畏盛而凌衰，是何理耶？髑髏泣曰：君氣亦盛，故我不敢崇，徒以虛詞恫喝也。畏盛凌衰，人間皆爾，君乃責鬼乎？哀而投入土窟中，君之惠也。不滿沖之竟過，卒無他異。——紀昀《閱微草堂筆記》、槐西雜誌。

【餘音】凌衰畏盛，人鬼相同；你如不信，請看此文。

126 死後不要賒與他

　　有個男生，由於極度吝嗇而發了大財。他得了重病，快要死了，但還不肯斷氣，哀求地囑告妻子說：「我一生操心積慮，又貪財又吝嗇，只進不出，六親不認，才有今天的財富，但還不夠。等我死後，你可以把我的皮膚剝下來賣給皮鞋匠，將體肉割下來賣給屠戶，將骨頭剔出來賣給漆店。」他一定要等候妻子答應後才安心斷氣。

　　他死去半天了，卻又活醒過來，慎重再叮嚀妻子說：「眼下交往情義淡薄，你千萬不可以把這些賒給他們，必當現錢現賣。」

【原文】

一男子，極吝致富。病劇，牽延不絕氣，哀告妻子曰：我一生苦心貪吝，斷絕大親，今得富足。我死後，可剝皮賣與皮匠，割肉賣與屠戶，刮骨賣與漆店。必欲妻子聽從，然後絕氣。既死半日，復蘇，再囑妻子曰：當今世情淺薄，切不可賒與他。
—— 明、馮夢龍：《廣笑府》。

【餘音】

這是個極端反面的寓言，諷刺愛錢竟然不惜捨命。連自己的肉身，都可以零割碎剮去換錢（要現不賒）。請問：軀體都賣完消失了，換來億萬錢財，誰來消受？

127　奮鬥的人生

　　奮鬥就是生活。人生唯有奮鬥，才能前進。

　　金錢並不會給我增加甚麼，有時還會為它而扭曲了我原來的人生目標。

　　使我能夠活得更好的還是「理想」。光輝的理想，就像明淨的水，可以洗去我心靈上的塵垢。

　　我是春蠶，吃了桑葉就要吐絲，死了絲還不斷，就是為了要給人間添一些溫暖。

【原文】

摘自巴金（1904-2005）《巴金全集》，文句同上。

【餘音】

所謂「理想」，似乎該定個範疇或標竿。例如我打定主意要在短期內偷來十萬美元，阿嬌才肯嫁給我，這個理想是違犯法律的。良好的理想，似乎是要致力去完成使大眾受益的事，人與己都同享好處，我自身也才感到快慰。

128　把握時機

　　只要是對大眾有利、對社會有貢獻的事，就應該即刻把握時機，努力去實踐。不要等到機緣錯過，造成終生遺憾。

　　尤其是年輕人，更應該珍惜英年大好時光，發憤圖強，不要等到白髮皤皤，才唉聲慨歎「空負少年時」。

　　聰明的人，不會追悔過去，也不肯空等未來，而是及時把握現在，當下努力。

【原文】

錄自星雲法師（1927-　）《人間佛教系列》，文字同上。

【另文一】

世界上最快而又最慢，最平凡而又最珍貴，最容易被忽視而又最令人後悔的就是時間 —— 蘇俄大作家高爾基

【另文二】

一個鐘頭有六十分鐘，一天就超過了一千。孩子啊！明白這個道理後，就知道可作出多少貢獻 —— 德國詩家歌德

【另文三】

昨日不能喚回來，明天還不確實，而能確有把握的就是今天。今日一天，要當明日兩天 —— 法國哲學家伏爾泰

【餘音】

時機是何物？時是現在的時刻，機是眼前的機會，讓我們有所創造。如果我們活到一百歲，卻乏善可述，一事無成，那豈不是白白消耗了這末多年來的糧食，該自我慚愧吧？

處事第五

129　苛政猛於虎

　　孔子乘坐馬車，行經泰山側邊的驛路上，看見一個婦人，守在墳墓之前，哭得十分傷心。孔子倚靠著車前的橫木，停下來想聽聽那婦人的泣訴。

　　由於聽不真切，孔子就叫學生子路去問她道：「你哭得這樣悲悽，必定有深重的傷心苦難吧？」那婦人說：「當然是有哪！從前，我丈夫的爹死在老虎嘴裡，後來，我丈夫又被老虎吃了，現在，我的兒子也讓老虎咬死了。以後的日子，叫我怎麼混下去呢？」

　　孔子也聽清楚了，直接就問道：「那你為甚麼不搬離這裡呢？」

　　婦人答說：「這裡沒有繁重的賦稅，沒有嚴苛的政令！」

　　孔子回頭，對同車的學生說：「你們年輕人要記住：害人的苛政，要比那吃人的老虎還厲猛呀！」

【原文】孔子過泰山側，有婦人哭於墓者而哀，夫子式而聽之，使子路問之，曰：子之哭也，一似重有憂者。而曰：然，昔者吾舅死于虎，吾夫又死焉，今吾子又死焉！夫子曰：何為不去也？曰：無苛政。夫子曰：小子誌之，苛政猛於虎也。──《禮記》、檀弓下。

【餘音】身為統治者，請多看此篇，舉凡一切對被統治的人民含有剝削壓迫的法令規定，都該慎重考慮。

130　晏子使楚橘變枳

　　晏子以齊國使者的身分訪問楚國，楚王請晏子喝酒。喝得正歡暢的時候，有兩個小吏綁著一人來到楚王面前。

　　楚王問：「這個被綁的人，幹了甚麼壞事？」

　　小吏回答道：「是齊國人，犯了偷盜罪。」

　　楚王轉臉盯著晏子說：「齊國人本來就善於偷盜嗎？」

　　晏子離開坐席，敬回道：「我晏嬰聽說：橘樹生在淮河以南就是橘樹；生在淮河以北就變為枳樹。它們只是樹葉相似，果實的味道卻大不相同。其所以會這樣是甚麼原因呢？就是因為水土不同啊。現在百姓生長在齊國不偷不盜，到了楚國就又偷又盜，莫非是楚國的水土使得人善於偷盜嗎？」

【原文】晏子使楚，楚王賜晏子酒。酒酣，吏二人縛一人詣王。王曰：縛者曷為者也？對曰：齊人也，坐盜。王視晏子曰：齊人固善盜乎？晏子避席對曰：嬰聞之，橘生淮南則為橘，生於淮北則為枳，葉徒相似，其實味不同。所以然者何？水土異也。今民生長於齊不盜，入楚則盜，得無楚之水土，使民善盜耶？」
── 晏嬰：《晏子春秋》、內篇、雜下。

【餘音】《周禮、考工記、序官》說：「橘逾淮而北為枳。」晏子機敏，藉此自然現象回敬楚王，我們不妨也予仿效這番急智。（編者按：齊在淮之北，楚在淮之南。晏嬰說橘在淮南為橘，果實甜；在淮北則為枳，果實苦；豈不是淮南的楚國好而淮北的齊國不好嗎？）

131　陽虎回刺管門人

　　春秋時代的魯國，有位大夫叫陽虎，專魯國之政。他劫持魯定公，失敗了。魯國下令關閉首都城門，好搜捕他。陽虎跑到城門口，看管城門的值班衛士，私自開門放他外出。他佩著寶劍，提著戈矛，出城逃了。

　　陽虎已經逃出到城外，卻又臨時起意，折轉回來，用戈矛刺傷了那個私放他出城的衛士，這才再轉身逃去。

　　這位管門人怨道：「我又不是你的相知好友，只是覺得你不壞，才私自放了你，免你一死。為甚麼反要回頭來刺傷我呢？」

　　不久，魯君得知陽虎逃掉了，大為震怒，查問是哪個城門逃出的？下令究辦。

　　屬官命人將幾個管門的衛士都抓來，那些沒有受傷的都因有嫌疑而受了罰，獨有那個被刺受傷的得到了厚賞。

【原文】陽虎為亂於魯，魯人閉城而捕之。虎奔及門，門者私出之。虎揚劍提戈而出。顧反，取戈刺傷出之者。出之者怨之曰：我故非子之友也，今為子脫死，而反傷我耶？既而魯君聞虎脫，大怒，有司悉拘諸門衛，不傷者治罪，獨厚賞受傷者。
── 馮夢龍：《增廣智囊補》、雜智。

【餘音】私放我出城，應是大恩人。回頭反刺他，不知為何因？
　　　　事後追責任，因傷得賞金。刺他是感德，當時難說清。

132　大樹活而啞雁死

　　莊子在山中閒逛，見到一棵大樹，枝葉茂盛，伐木工人站在樹旁卻不想砍它。問他原因，伐木人說：「這樹雖然高大茂盛，但它紋理捲曲，木質鬆脆，連做柴火都不會旺燃，砍來沒有用處。」莊子感慨地說：「這棵樹由於沒有用處而得以享盡它的自然壽命。」

　　莊子從山上出來，走訪並住宿在一位老朋友家裡，老友很高興，叫他的僕人去殺一隻鵝來款待莊子。僕人問道：「有一隻鵝會叫，另一隻不會叫，請問殺哪一隻？」這位老友說：「殺那不會叫的那一隻吧！」

　　第二天，弟子請問莊子道：「昨日山中大樹，因為不材而得終其天年。今天主人的鵝，因為不會叫而被殺，請問老師你將如何處置？」莊子笑答道：「我會處於那有材與不材之間。」

【原文】莊子行於山中，見大木，枝葉茂盛，伐木者止其旁而不取也。問其故？曰：無所可用。莊子曰：此木以不材得終其天年。莊子出於山，舍於故人之家。故人喜，命豎子殺雁而烹之。豎子請曰：其一能鳴，其一不能鳴，請奚殺？主人曰：殺不能鳴者。明日，弟子問於莊子曰：昨日山中之木，以不材得終其天年；今主人之雁，以不材死；先生將何處？莊子笑曰：周將處於材與不材之間。——《莊子》、外篇、山木。

【餘音】大樹沒有用，不砍，它活著；鵝兒不會叫，被宰，它死了。兩者都是不材，結局卻正相反，可知命運難測，死生難料。該怎麼辦？莊子說他會處於材與不材之間，此話似乎還欠清楚，煩請智者來詮釋吧！

133　刻舟豈能求劍

　　楚國有一人乘船渡江，他的劍不小心從船邊滑落水中。他趕緊在船邊劃下記號，並自言自語地說：「這兒就是我的劍掉下去的地方。」

　　等到渡船靠岸後，他就從刻了記號的地方潛入江中去尋找他那落水的寶劍。

【原文】

楚人有涉江者，其劍自舟中墜於水。遽契其舟，曰：是吾劍之所從墜。舟止，從其所契者入水求之。——戰國、秦、呂不韋：《呂氏春秋》、慎大覽、察今。

【餘音】

《呂氏春秋》原文對此事已有評語，簡明恰切，判曰：「舟已行矣，而劍不行；求劍若此，不亦惑乎？」

134　衛姬料中伐衛

　　齊桓公是春秋時代的霸主，他尊王攘夷，九合諸侯，等於是諸侯群中的領導者。有一次，他召集所有各國諸侯會盟，獨有那衛國國君不太聽話，最後姍姍遲到。事後，齊桓公與管仲在朝中決議，一定要討伐衛國，以示懲戒。

　　朝議結束了，桓公返回後宮，他的夫人乃是衛國的女兒，稱為衛姬。她察覺到桓公的臉色異常，便跪在堂下，一再叩拜，說：「請問我主，衛君犯了甚麼大罪，惹得君王不愉快？」

　　桓公假意回答說：「我與衛君之間，並沒有甚麼嫌隙，你為何要替他請罪呢？」

　　衛姬婉答道：「我看君王進宮的時候，腳步抬得很高，氣勢表現很亢，這顯示有攻伐別國的意志。然後看到了我，又露出不安而帶慚的臉色，我猜想是要討伐衛國了吧？」

　　第二天，齊桓公上朝，見到管仲來了，桓公向管仲十分客氣的拱手，請他入殿。管仲問道：「君王放棄衛國，不討伐了嗎？」

　　桓公說：「仲父你怎麼知道？」管仲答道：「你對我拱手行禮，態度非常謙遜，言語也變得十分徐緩。看到我時，臉上又露出幾分愧怍之色，想必是單獨地改變了昨天與我一同決定的大計，心裡不安吧？所以我猜想你不會討伐衛國了。」

　　齊桓公反而一臉快樂，說道：「好呀！仲父你精明練達，助我安定了宮外的國政；我夫人衛姬聰慧過人，替我管好了

宮內的事務。我有你們兩位的輔佐，諸事將不會有差錯，也絕不會讓諸侯見笑了。」

【原文】

齊桓公合諸侯，衛君後至。公朝而與管仲謀伐衛。退朝入宮，衛姬望見君，下堂再拜，請衛君之罪。公曰：吾于衛無故，子曷為請？對曰：妾望君之入也，足高氣強，有伐國之志也。見妾而有動色，伐衛也。明日，君朝，揖管仲而進之。管仲曰：君捨衛乎？公曰：仲父安識之？管仲曰：君之揖也恭，而言也徐，見臣而有慚色，臣是以知之。君曰：善，仲父治外，夫人治內，寡人知終不為諸侯笑矣。——《呂氏春秋》、審應覽、精諭。

【餘音】

觀人於微，察君之隱，這要極高的聰銳，才可精準測度，此篇值得玩味。

135 五百金買死馬頭

古時有位國君，想以千金買千里馬，三年過了，還沒有買到一匹。

國君宮中，有位侍從，向國君稟道：「請讓我去尋訪買回來吧！」國君就派他去了。

這人花了三個月，才找到一匹千里馬，但馬已經死了，他卻付出五百金買下了馬頭，回來稟報國君。

國君大為震怒，責怪說：「我要的是活馬，你怎可為一個死馬的頭而白費了五百金呢？」

這人答道：「買匹死馬尚且肯花五百金，何況活馬呢？天下人必然認為君王您真是誠心要買馬，千里馬就會來了。」

於是不到一年，先後有三次招來千里馬求售。

【原文】

古之君人，有以千金求千里馬者，三年不能得。涓人言于君曰：請求之。君遣之，三月得千里馬，馬已死，買其首五百金，反以報君。君大怒曰：所求者生馬，安事死馬而捐五百金？涓人對曰：死馬且買五百金，況生馬乎？天下必以王為能市馬，馬將至矣。于是不能期年，千里之馬至者三。 ── 《戰國策》、燕第一。

【餘音】

這是向天下人宣告買馬的誠意。一匹死馬的頭顱，竟然肯花五百金，那末活馬該是多少倍？趕快帶馬來求售吧。

136　遷家越國無生計

　　有個魯國人，自己會編織麻鞋，他的妻子則最會織絹。他倆想改換環境，打算搬遷到越國去。

　　朋友對他說：「你若要去越國，一定無法謀生。」

　　這魯國人問道：「為甚麼呢？」

　　友人回答說：「麻鞋編出來，是為了可以穿在腳上走路，但越國人個個打光腳，不穿鞋子。至於白絹綢，那是做帽子用的，但越國人全都披頭散髮，不戴帽子。依你兩位的專長，卻打算遷往用不上的國家去住，想不窮乏，可能嗎？」

【原文】

魯人身善織屨，妻善織縞，而欲徙於越。或人謂之曰：子必窮矣。魯人曰：何謂也？曰：屨為履之也，而越人跣行。縞為冠之也，而越人披髮。以子之所長，游於不用之國，欲使無窮，其可得乎？——《韓非子》、說林上。

【餘音】

你的專長，要有社會需要才管用。否則與那一無可取的白癡沒有兩樣，毫無生計。此理甚明，毋須辭費。

137　齊女要東食西宿

齊國人有個女兒，同時有兩位男士向她求婚。其中一個是東家的兒子，生得很醜但家財富有，另一個是西家的兒子，長得漂亮，但家境貧乏。

父母對此事猶豫不好作決定，轉而徵求女兒的意見，讓她自己挑選願意嫁給誰？並對她說：「要是你羞於開口，或不方便直說，就或左或右地袒露出一隻胳膊，我們就會知道你的心意。」

女兒很聽話，但她是袒露出兩隻胳膊。父母親猜不透，問是甚麼意思？女兒說：「我是想在東家吃飯，在西家住宿，這就是我袒露雙臂的心意。」

【原文】

齊人有女，二人求之。東家子醜而富，西家子好而貧。父母不能決，問其女，定所欲適，若羞于言者，偏袒，令我知之。女便兩袒，怪問其故？云：欲東家食而西家宿，此為兩袒者也。
—— 漢、應劭：《風俗通義》。

【餘音】

這是個虛假故事，也沒有這種婚姻法。但追求最美的境界，卻是人同此心。只是、魚與熊掌不可得兼，理想與現實總有差距，憑我們的才學，去努力高攀，就算很不錯了。

138　魏文侯禮遇段干木

　　戰國時代，有位段干木，魏國人，謹守正道，不想任官。魏文侯接見他，端正地肅立著與他談話，即使自己感到疲倦了，也不敢怠慢失禮。

　　可是，魏文侯不久又接見翟璜，自己卻是踞坐著，兩腿伸開，彎著膝蓋，隨便與他交談。翟璜覺得很不愉快。

　　魏文侯說：「段干木先生，給他任官，他不肯，賜他俸祿，他不受，我視他為難遇的貴賓。至於你嘛，任官則已升到丞相高位了，俸祿則已享受到上卿的待遇了；你接納了我的實惠，而今又怪我缺虧禮貌，這不是使我很為難嗎？」

【原文】
段干木，魏人，守道不仕。文侯見木，立倦而不敢息。反見翟璜，踞而與言，璜不悅。文侯曰：段干木官之則不肯，祿之則不受。今汝官則相位，祿則上卿，既受吾賞，又責吾禮，不亦難乎。——《呂氏春秋》八覽、謹聽。

【餘音】
端立以接見段干木，這叫禮賢下士，值得稱道。踞見翟璜，似不必如此怠慢，容可商酌。

139　曲突徙薪無恩澤

　　有位客人去拜訪朋友，見他家爐灶的烟囪是筆直的，灶口近處還堆放著木柴乾草，便對主人提醒說：「烟囪應改為彎曲的，柴草要移開遠一些，不然的話，就可能引起火災！」主人聽了，沒有反應，一會兒也就淡忘了。

　　隔不多久，主人家爐灶處果然引起了火災，鄰居們都跑來救火，大火終於撲滅了。

　　主人為了感恩，特意宰牛擺酒，向那些滅火的鄰居們誠摯致謝。凡是被燒得焦頭爛額的人，都請坐入上席，其餘的則按出力的大小，依序就坐。只是當初那位建議他改裝烟囪移開薪柴的客人，卻沒有邀請入席。

　　事實上是：假如主人那時聽從了客人的建議，逕行改善，就不會有這場火災，也不須殺牛備酒請宴了。

【原文】

客有過主人者，見灶直突，傍有積薪。客謂主人曰：曲其突，遠其積薪；不者、將有火患。主人嘿然未應。居無幾何，家果失火。鄉里中人救之，火幸熄。于是殺牛置酒，燔髮灼爛者坐上行，餘各以功次坐，而反不錄言曲突者。向使主人聽客之言，不費牛酒，終無火患。——班固：《漢書》、霍光傳。又見：劉向：《說苑》、權謀。

【餘音】

「曲突徙薪忘恩澤，焦頭爛額為上客。」這位主人，不懂得防患於未然，我們可要警惕了。

140　高繚三年被免職

　　有個高繚，在晏子府中任官，晏子把他免職了。身旁的人勸諫晏子說：「高繚在你手下服務了三年之久，你沒有給他一個爵位，如今又把他趕走了，這在道義上恐怕講不過去吧？」

　　晏子解釋道：「我晏嬰是個孤陋寡聞的人，靠四邊的人來幫助我才不會犯錯誤。這個高繚，他跟隨我三年了，卻從來沒有糾提過我的錯誤。因此之故，我才給他免職了呀！」

【原文】

高繚仕于晏子，晏子逐之。左右諫曰：高繚之事夫子三年矣，曾無以爵位，而逐之，其義可乎？晏子曰：嬰、仄陋之人也。四維之，然後能直。今此子事吾三年，未嘗弼吾過，是以逐之也。── 劉向：《說苑》、臣術。

【餘音】

任官三年不為短，對政務沒有評論，沒有建議，應算是失職，被罷黜自是難免。

141 楚人兩妻

　　有個楚國人，娶了兩個妻子。他的鄰人，來挑逗大太太。大太太很正經，反口罵他，未能如願。這人轉而去挑逗小太太，小太太比較隨便，就成事了。

　　過沒多久，那娶有兩個妻子的丈夫因病死了。

　　另外一位朋友，試著問這位挑逗的鄰人說：「你如果要娶她們之中的一個為妻，你願娶大的？還是小的？」

　　這位挑逗的人毫不遲疑，立即答道：「我娶大的。」

　　朋友詫問道：「大的咒罵你，小的私許你，你為甚麼還要娶大的呢？」

　　這人答道：「這兩種情況是完全不同的呀！她如果是別家的女人，就希望她能應許我。但是，她如做了我的妻子，就希望她能向著我而去咒罵別人嘛。」

【原文】

楚人有兩妻者。人誂其長者，長者詈之。誂其少者，少者許之。居無幾何，有兩妻者死。客謂誂者曰：汝取長者乎？少者乎？曰：取長者。客曰：長者詈汝，少者私汝，汝何為取長者？曰：居彼人之所，則欲其許我也。今為我妻，則欲其為我詈人也。

——《戰國策・秦策・陳軫去楚篇》。

【餘音】

從關係來講，歸屬不同，禁忌也異。如為別人妻，希望能給我便宜。一旦為我妻，則希望能為我守貞節。戰國時代，縱橫離合，因利害轉換而屢變。讀此寓言，可增判識。

142　陳平脫衣免死

　　楚漢相爭時代，有位陳平（後來做到丞相），原先投效項羽，不得志，便不辭而別，獨自一人，避開大道，專抄小路，向西急行，往見劉邦。

　　走了一程，前面遇到大河。他尋到了一艘小漁舟，請求船夫渡他過河，船夫答應了，於是陳平登船出發。

　　船到江心時，船夫一面慢划，一面打量陳平，為何單身一人匆忙獨行？準定是犯案逃亡，懷中必有金銀珠寶。眼光盯著他瞧來瞧去，準備在河中央急流處殺他刼財。

　　陳平素來機智，察覺到船夫的惡意，急中冒出一計。他從容脫下衣服，只剩內衣內褲，拿起一根竹篙幫著撐船。船夫眼見他身無長物，就打消歹念了。

　　陳平前往修武，會見漢王劉邦，輔佐他平定了天下。

【原文】

陳平投歸項羽，不得志，乃封金掛印，平身仗劍亡。渡河，舩人見其獨行，腰中當有金玉寶物，因之，欲殺平。平乃解衣，躶而佐舩。舩人知其無有，乃止。平遂至修武，歸漢。——司馬遷：《史記》、卷五十六、陳丞相世家第二十六。

【餘音】

上了賊船，行到江心；起意殺我，必死無生。
如何自保？我且寬衣；身無財寶，化解危機。

143　九十九隻羊

楚國有個富人，養了九十九隻羊，但總希望能有一百隻。他的鄰居很窮，養有一隻羊。富人請求鄰人說：「我已有九十九隻羊，請把你的一隻羊給我，使我湊成一百，那我的羊就夠一個整數了。」

【原文】

楚富者，牧羊九十九，而愿百。其鄰人貧，有一羊。富者拜之曰：「吾羊九十九，若君之一盈我成百，則牧數足矣。」——梁元帝蕭繹：《金樓子》。

【餘音】

慾壑難填。貪婪之人，奢念無盡，得隴又望蜀，迄無止境。這類貪夫，何妨熟誦一下《大學第一章》「知止而後有定，定而後能靜，靜而後能安，安而後能慮，慮而後能得」的含義。

144　巨富鄧通窮餓死

　　話說漢文帝身邊有個寵臣叫鄧通，出遊時叫鄧通隨輦侍坐，睡時且同床共榻，恩寵無與倫比。

　　其時有位相士許負，見鄧通面上有直紋入口，判他會窮餓而死。漢文帝知悉後，怒道：『富貴由我封賞，誰能讓他窮餓？』於是將蜀道銅山賜給鄧通，命他自鑄錢幣，使得鄧通錢遍行天下。他一人之富，可與國庫相比了。

　　某天，文帝小腹生了個癰疽，膿血迸流，十分疼痛。鄧通跪下來，用嘴直接去吮吸膿瘡，文帝覺得輕爽多了。隨口問道：『天下至愛的是誰人？』鄧通回奏道：『莫如父子。』恰好皇太子入宮探病，文帝也教他吮那癰疽。太子奏道：『臣剛才吃了好多海鮮油膾，齒舌都不潔淨，恐怕不便直接碰觸傷口。』就出宮去了。文帝歎道：『至愛莫如父子，卻不肯吮疽。鄧通愛我，勝過太子了。』由是恩寵日增，至使太子懷恨。

　　後來，文帝駕崩，太子即位，是為漢景帝，他究辦鄧通壞亂錢法，沒收全部家產，禁閉於一空室之中，斷絕飲食。鄧通果然窮餓死了。

【原文一】請參閱明·抱甕老人：《今古奇觀·第四卷·裴晉公義還原配》之前段。與上文所敍相同。

【原文二】鄧通、為黃頭郎（戴黃帽）。漢文帝夢欲上天，見一黃頭郎從後力推，登上天際。覺後，以夢中人陰自求之。見鄧通，確認即夢中所見者，悅之，賞賜鄧通巨萬有十數回，官至上大夫，賜銅山，得自鑄鄧通錢，流行天下。── 漢·司馬遷《史記》卷一百二十五，佞倖列傳第六十五·鄧通

【餘音】人生的際遇，多難預料，只好歸之於命運，乃是指吉凶禍福，自己不能作主。諺語說：「時來風送滕王閣（王勃自馬當一夕到南昌，寫成滕王閣序），運去雷轟薦福碑（范仲淹要打碑成帖，但碑遭雷劈碎了）。」請視此篇為一特例吧。

145 牧民猶如牧羊

西漢時代，有個牧羊人卜式，養羊千多頭了。漢武帝討伐匈奴，軍事費用驟增，卜式願意捐出一半家財相助。

武帝派侍臣問他：「你是想求官嗎？」卜式答：「我從小只會牧羊，不想任官。」

侍臣又問：「你是受了欺壓，想要伸冤嗎？」卜式說：「在本鄉邑，窮人我借錢給他謀生，全都與我和諧相處，沒有冤仇。」

侍臣追問：「那你有甚麼願望？」卜式說：「天子討伐匈奴，有勇武的人應當為國效命，有資產的人應當為國輸財，這就是我的心願。」

侍臣回報漢武，武帝想任他為郎，卜式不願。武帝說：「我有一群御羊，養在上林苑，你替我去養牧好了。」

卜式受命，飼牧御羊。一年下來，羊群又肥又壯，還生了許多小羊。武帝誇贊他，卜式說：「這不獨牧羊如此，治理百姓也是一樣。壞的羊要宰掉，壞的百姓也要依法治罪，不就好了嗎？」

【原文】卜式，蓄羊十餘年，羊致千餘頭，時漢方伐匈奴，式願輸家財一半相助。上使使問式：欲為官乎？式曰：不習仕宦，不願也。使者問：家豈有冤？式曰：臣與人無爭，邑人貧者貸之，無冤。使者曰：子何欲？式曰：天子誅匈奴，賢者宜死節，有財者宜輸財。上召式為中郎，式不願。上曰：吾有羊在上林，汝可牧之。歲餘，羊肥息。上善之，式曰：非獨羊也，治民亦猶是矣，惡者輒去，毋令敗群。——《漢書》、卷五十八、列傳第二十八、卜式。

【餘音】牧羊人卜式，只是一介草野粗民，竟然有心報效國家，一無所求，進言牧民猶如牧羊，其志其識，何其高也？

146　諸葛亮征服南蠻

　　三國蜀漢丞相諸葛亮，揮師南向，七擒孟獲，南蠻不復反了。就集合蠻地諸首領，按原職及原轄地區復位，繼續和平統治。

　　有人建議說：「丞相天威，南人都心服了。但蠻族夷性難改，今日請降，明天又叛。不如趁此時機，改派漢族官長接手，也好隨時約束，使漸行漢化，這該是上策吧？」

　　諸葛亮答道：「如果改立漢官，勢必要留漢兵駐守，軍糧所需浩大，乃難之一也。蠻人父兄或死或傷，若立漢官而無漢兵保衛，他們仍可造反，乃難之二也。蠻人多次反漢，會懷疑他們的反罪很重，若受漢官統治，終久兩不信服，乃難之三也。如今我不派漢官，不留漢兵，不必運糧，讓夷漢兩相安洽，用不著為將來操心了呀！」

　　此後，終諸葛在世之日，南蠻迄未生變。

【原文】諸葛丞相既平南中，皆即其渠帥而用之。人諫曰：公天威所加，南人率服。然夷情叵測，今日服，明日叛；宜乘其來降，立漢官分統其政，使歸約束，漸染政教，此上計也。公曰：若立漢官，則當留兵，兵留則無所食，一不易也。彼新傷破，父兄死喪、立漢官而無兵，必成禍患，二不易也。又吏屢反，廢殺之罪，自嫌釁重，若立漢官，終不相信，三不易也。今吾不留兵，不運糧，使夷漢相安足矣。」自是終亮之世，夷不復反。──明・馮夢龍《增廣智囊補》。卷上・上智・諸葛孔明。又見：明・羅貫中：《三國演義》第九十回・燒藤甲七擒孟獲。

【餘音】《三國志・諸葛亮傳》有評曰：「諸葛亮之為丞相也，可謂治國之良才，管（仲）蕭（何）之亞匹也。」旨哉斯言。

147　羲之愛鵝及其他

（一）晉代王羲之，字逸少，官至右軍將軍，性愛鵝。會稽郡內有位獨居的姥姥，養了一隻鵝，啼聲優美。想要買來，她不賣。羲之就帶領幾位親友，前往觀賞。那姥姥得知右軍將軍要來，便將這鵝殺了，烹煮成美味以待客，使羲之歎惜了一整天。

（二）山陰縣有個道士，養了一群好鵝，羲之很喜歡，堅請買來。道士說：「你是書聖、請為我寫一部《老子道德經》，五千字，我就把整群鵝相贈。」羲之欣然寫成了，把整群鵝都載回來了。

（三）王羲之住在戢山，他見到一老姥，在賣六角竹扇。羲之一時高興，把她的竹扇拿來一捆，在每枝竹扇上各別寫上了五個字，老姥以為把竹扇弄污了，怪羲之不該。羲之說：「你只要喊這是王右軍的親筆字，每枝可以賣到一百銀錢。」老姥照辦了，大家搶著來買。隔不幾天，老姥又攜來一大箱竹扇，想要寫字，羲之笑一笑，無心再寫了。

【原文】王羲之，字逸少，官任右軍將軍，性愛鵝。會稽有孤居姥養一鵝，善鳴，求市未能得，遂攜友命駕就觀。姥聞羲之將至，烹以待之，羲之歎惜彌日。又山陰有一道士，養好鵝，羲之往觀焉，意甚悅，固求市之。道士云：為寫道德經，當舉群相贈。羲之欣然寫畢，籠鵝而歸。又在戢山見一老姥，持六角竹扇賣之，羲之書其扇，各為五字。姥有慍色。因謂姥曰：但言是王右軍書，可求百錢。姥如其言，人競買之。他日姥又持扇來，羲之笑而不答。──唐、房玄齡：《晉書》、卷八十、列傳第五十。

【餘音】王羲之書法，自成一家。曾臨池習書，池水盡黑。草隸冠絕古今，世稱書聖。逸事甚多，本篇列三小趣。

148　唐太宗吮毒

　　唐太宗李世民時代，遼東地區叛亂，太宗親率部隊遠征，進攻白巖城，戰況劇烈。

　　太宗麾下右衛大將軍李思摩，被敵人有毒的冷箭射中了。唐太宗親手替他把箭拔出來，用嘴吮著傷口將淤血穢毒吸出乾淨，敷上生肌拔毒瘡藥，包紮妥當，命他休息養傷。

　　全營的將士都看到了，認為皇帝親為部下吮毒，莫不深為感奮，大家誓死效命。

【原文】

唐太宗征遼東，右衛大將軍李思摩，為流矢所中。帝親為吮血，將士莫不感動。—— 唐、吳兢：《貞觀政要》、卷之六、仁惻第二十。

【另文】

吳起為魏將，攻中山。軍人有病疽者，吳子自吮其膿。其母泣之。旁人曰：將軍對汝子如是，尚何為泣？母曰：吳公曾吮此子之父之創，此父赴注水之戰，戰不旋踵而死。今又吮吾子，安知吾子將在何戰而死，是以哭之也。—— 漢、劉向：《說苑》、卷第六、復恩。

【餘音】

統帥帶兵要帶心。推而廣之，現今凡是政商工農各界之為首長的，也當學一學唐太宗和吳起，使下屬能傾心效命。

149　柳公綽判案

　　唐代柳公綽，性嚴。歷任吏部尚書、鄂岳觀察使、河東節度使、兵部尚書等職，卒諡元。

　　他任官為山南東道節度使時，因公蒞臨河南省鄧縣。縣府有二官吏，一犯私收贓款，一犯曲解法令來欺詐作弊。呈請柳來定罪。

　　大家猜想那收贓犯定然斬首，舞弊犯案情較寬。但柳公綽判云：「收贓之吏觸犯法條，那法條仍然健在，罪輕。至於那曲解法令而舞弊之吏，使正規法律今後失效，無法可循，罪重。」竟然只把後者斬了。

【原文】

柳公綽，為山南東道節度使。公綽過鄧縣，有二吏，一犯贓，一舞文。眾謂公綽必殺犯贓者。公綽判曰：贓吏犯法，法在。姦吏亂法，法亡。竟誅舞文者。——《資治通鑑·唐紀·唐穆宗》。

【餘音】

法也者，乃是對邪正曲直是非善惡的客觀評斷。本篇有二吏觸法：一吏犯貪贓，利用權勢攫取不當之財，法有明確懲處條文，按律辦他，法律仍高懸無恙。另一吏把法律故意誤解歪解，以曲代直，使法律產生偏差，失去了正規效力，影響日後深遠，此錯巨大，應施重刑。柳公從根源處來裁量。此「法在、法亡」四字，今日仍欽其正。

150　摔碎瑪瑙盤

　　唐高宗儀鳳二年，西域的十姓可汗都支，及李遮匐，煽動西突厥及吐蕃，侵逼安西都護府（今新疆吐魯番）。皇帝命裴行儉為統帥，率大兵勦平，終獲全勝，鹵獲了大批西域珍寶，蕃地酋長和漢軍將士，都極想見識這些稀世之珍，希望大開眼界。

　　裴行儉不想拂逆大家的渴望，允予展示，因此大張宴席，會齊漢回賓眾，將珍寶一一展出。諸寶中尤有一件最貴重的瑪瑙盤，用整塊的結晶玉髓刻就、且有紅白黃相間的紋彩，直徑有兩尺多大，堪稱無價奇珍，是展覽會中的第一珍品。由軍吏王休烈捧著，從廳下臺階一級一級走上來。不料腳底踩到了衣帶，一跤絆倒了，寶盤自雙手中摔出，砸在前方硬地上，應聲而碎。王休烈驚怖不已，跪下連連叩頭，額上碰出了血，這一失誤，罪過擔當不起。

　　裴行儉若無其事，只是柔聲對王休烈說：「不要緊張，打碎了就算了，你不是故意的，不必驚慌。」全無不豫之色。

【原文】

唐儀鳳二年，十姓可汗都支及李遮匐，煽動蕃落，侵逼安西。裴行儉平之，大獲瑰寶。蕃酋及將士，均願觀之。行儉因設宴出示。有瑪瑙盤，廣二尺餘，文采殊絕。軍吏王休烈，捧盤歷階趨進，誤躐衣，足跌便倒，盤亦隨碎。休烈驚惶，叩頭流血。行儉笑謂曰：汝非故也，何至於是。更不形於顏色。——《舊

唐書》、卷八十四，列傳第三十四。又見《新唐書》、卷一百
八、列傳第三十三。又見：孔平仲：《續世說》巧藝。又見：
周煇《清波雜志》、裴行儉條。

【另文一】宋、韓琦，封韓國公。有人送玉盞一隻，表裡無纖
瑕，真絕寶也。公特設一桌，覆以繡絹，置玉盞于其上。俄為
一吏誤觸桌倒，玉盞俱碎，吏伏地待罪。公神色不動，笑曰：
物破亦自有時。謂吏曰：汝誤也，非故也，何罪之有？公之量，
寬大厚重如此。—— 宋、彭乘：《墨客揮犀》、杜德。又見：
明、鄭瑄：《昨非庵日纂》、汪度。

【另文二】清、王太倉相國，有古瓷，價值不貲。一日、李安
溪索觀，王命奴捧之，歷階而上，失足傾趺，瓷碎。李不覺失
聲，公怡然不動，安溪服其雅量。—— 清、阮葵生：《茶餘客
話》、卷七、王相國逸事條。

【餘音】

希世之珍，僅此一件；不幸跌趺，甩成碎片。
雅哉行儉，毫未動氣；反而慰撫，你非故意。

151　汝才不堪為吏

殘唐五代的周朝（史稱後周），有位周行逢，官任武平節度使，官大權大。他有個務農的女婿唐德，遠來面見他，請求派一官職，想過官場生活。

周行逢沒有同意，婉釋道：「你的才幹學識尚欠充足，還不夠資格任官，這個你我都能了解。假如今天我特意循私，派你一個職位，當然我還做得到。可是、一旦你在任內犯了錯，那時我就沒法曲諒你，必須依照法條來辦罪，豈不是把我倆的親戚情誼都斬斷了，這就很不好。」

由此周行逢特意送給他耕牛與農具，讓他繼續去經營他的農場生活。

【原文】

周行逢，為武平節度使。行逢婿唐德求補吏。行逢曰：汝才不堪為吏，吾今私汝則可矣。若汝居官無狀，吾不敢貸汝，則親戚之恩絕矣。因與之耕牛農具而遣之。——《資治通鑑・後周紀・世宗・顯德三年》。

【餘音】

官位是國家的名器，不可私授，也不可憑關係而攀求。周行逢與184篇的呂僧珍，都是罕見的良範。

152 鑰匙在我衣帶上

從前，有位讀書人前往京城去接受銓選（朝廷選拔人才，面試後派任官職）。他裝物品的皮袋被竊賊偷去了。這人卻說：「竊賊雖然偷走了我的皮袋，但他終究沒法拿到我的東西！」

有人問他甚麼原因，他回答說：「你看，鑰匙還在我的衣帶上，他憑甚麼去打開我的皮袋呢？」

【原文】

昔有文人入京選，皮袋被賊偷去。其人曰：賊偷我袋，終將不得我物用。或問其故，答曰：「鑰匙尚在我衣帶上，彼將何物開之。——唐、張鷟：《朝野僉載》。

【餘音】

論事愚不可及，

只能自我湊趣。

153　國君頭上有祥雲

　　凡是相士，都精於「術」，就是有獨門妙法來探知答案。

　　五代南唐趙王李德誠，轄區在江西省。當地有位年高術精的大相士，自誇別人的貴賤，經他一看便知，名聲很響。趙王李德誠挑選出女婢數人，與他夫人滕國君一齊穿戴著同一款式的服飾，排立在堂前，請相士分辨貴賤。

　　相士朗聲說：「國君頭上有祥雲！」

　　女婢們一聽，都不自覺地抬頭聚望，相士指著視線集中的那位貴婦說：「錯不了，這位就是國君！」

【原文】

趙王李德誠，鎮江西。有老年日者（占卜的專家）自稱：世人貴賤，一見輒分。王使女奴數人，與其妻滕國君同梳粧服飾，偕立庭中，請辨良賤。日者曰：國君頭上有祥雲。群女不覺皆仰視，因指所視者曰：此即國君也。——明、馮夢龍：《增廣智囊補》、雜智、小慧、江西日者。又見：元、林坤：《誠齋雜記》。

【餘音】

戰國荀卿，撰《荀子》一書，其中有「非相」篇。集解說：「相者、視也。視人之骨狀，以定吉凶貴賤也。妄誕者多以此惑世，故荀卿作此篇以非之也。」有興趣者請參閱。

154　宋太宗也忘記了

北宋大臣孔守正，歷任指揮使、團練使、觀察使、都虞侯，又隨宋太祖攻晉陽大勝，征范陽大潰遼兵，前後立功甚偉，是北宋前朝老臣。

另有一位大臣王榮，歷任巡檢使、團練使、大將軍、防禦使。最有神力，稱為王硬弓，作戰屢建大功，到宋太宗時，官任行營都佈署之職，乃是當朝大將。

有一天，宋太宗趙匡義，在北園，召來孔王二愛鄉，君臣三人舉行御宴，孔王兩人暢飲至大醉，竟然互比功勳，出言不相讓，愈爭聲調愈急，喪失了大臣風度，觸犯了皇朝禮儀。

這是嚴重失態，御宴匆忙收場。侍臣們建議應將兩人失儀犯禮之罪，交付大理院法正。但宋太宗指示不必。

事後，孔王二人也自知犯了大錯，著實不該失言失態失禮失敬。第二天上早朝時，一同向宋太宗自動請罪，願意接受任何處分。

宋太宗即時宣示道：「昨天御宴，飲酒未曾設限，以致大家超逾太多。連我自己也醉了。究竟發生了甚麼事，我也忘記了。兩位賢卿不須自責，過往的事，記憶不全，毋須再談，算了就好。」大事變為無事，就此了斷免究。

【原文】

孔守正,侍宋太宗宴,大醉,與王榮論功,兩人忿爭失儀,侍臣請以屬吏,太宗弗許。翌日、孔王謁殿請罪。上曰:昨日朕亦大醉,漫不復省,遂不問。── 元、托克托:《宋史》、列傳第三十四。又見:明、馮夢龍:《增廣智囊補》、卷上、上智、通簡、宋太宗條。

【餘音】

孔王兩人失態,起因是皇上邀宴,醉後犯禮,三人都難脫干係:

①倘若按律求刑,似對大臣有欠關愛。

②若不追究,似對皇室風紀有所虧欠。

③若交付審訊,輕重也很難定奪。職是之故,這事若交辦並不好,若不辦也不好。最理想的是本來就無此事最好。「我也忘記了」就可三面調和:

④保全了大臣的顏面,不會變成罪人。

⑤衛護了天子的尊嚴,免掉御宴失控的無能。

⑥省卻了法官的為難,過失的寬嚴難定。

由此看來,凡是身為高層首長的,有時會遇到棘手的難題,怎樣能輕鬆巧妙的化解於無形,此篇是一佳例。

155　李繼遷母

　　北宋時代，西夏國王李繼遷，屢在西部邊境作亂。他的母親，被保安軍擄獲了，呈報到朝廷，宋太宗趙光義就想殺掉她。

　　宰相呂端奏道：「以前楚漢相爭，楚項羽要把劉邦之父下油鍋，劉邦說：『你烹我父，我無可奈何。唯願親口嚐到一杯肉湯。』由此可證：舉大事的人，可以不顧全他的親人，何況這悖逆的李繼遷？陛下你今天殺了李母，明天可以擒拿到李繼遷嗎？如果不能，就是徒然結怨，李繼遷會更加難以對付了。」

　　宋太宗問：「那該怎麼辦才對？」

　　呂端說：「最好把李母安頓在延州，好好地款待她。逼使李繼遷投降。即使不降，李繼遷的內心，總得掛念他媽吧？爾後他媽的生死，仍然掌握在我方的手心裡。」

　　宋太宗道：「要不是你這番讜論，就幾乎誤了我的大事！」

　　【原文】李繼遷，擾西鄙。保安軍奏獲其母，宋太宗欲誅之。呂端入奏曰：昔項羽欲烹太公，高祖願分一杯羹。夫舉大事者不顧其親，況繼遷悖逆之人乎？陛下今日殺之，明日繼遷可擒乎？若其不然，徒結怨，益堅其叛也。太宗曰：然則如何？端曰：以臣之愚，宜置於延州，使善視之，以招來繼遷。即不即降，終可繫其心，而母之生死，仍在我手。太宗稱善曰：微卿，幾誤我事。——明、馮夢龍《增廣智囊補》卷上、上智，遠猶。

　　【餘音】國家大政，要能高瞻遠矚。宰相呂端，處置理由充足。

156　丁謂可在人上乎

宋代寇準（封萊國公），與丁謂（他機敏多智，憸狡過人）很友善。寇準多次向宰相李沆（人稱聖相，卒諡文靖）推薦，李沆始終沒有用他。

某日，寇準追問李沆：「我屢次推薦丁謂有才，而你一直不予晉任。難道是他的才學還不夠？或者是我的識見太低淺？你聽不入耳嗎？」

李沆答道：「像他這樣的人，才能是有的。但我觀察到他的品德低劣，這種人可以讓他位居人上嗎？」

寇準反問：「像丁謂這種優秀人才，終會有出頭之日，你能夠將他長久壓在他人之下嗎？」

李沆笑道：「將來有一天你後悔的時候，請你再想想我所評斷的話。」

後來，寇準也做了宰相，很自然的拔擢了丁謂當權用事（封為晉國公），丁為爭權，與寇準傾軋，使寇準罷相，遠貶崖州（流放到海南島）。此時寇準才佩服李沆的遠見。

【原文】寇萊公始與丁晉公友善。嘗以丁之才，薦於李沆屢矣，而終未用。萊公語李沆曰：準屢言丁謂之才，而相公終不用。豈其才不足用耶？抑鄙言不足聽耶？李沆曰：如斯人者，才則才矣，顧其為人，可使之在人上乎？萊公曰：如丁謂者，相公終能抑之使在人下乎？李沆笑曰：他日後悔，當思吾言也。後來，寇準亦為宰相，提拔丁謂，謂與寇準爭權相軋，寇竟有海康之禍，始服李沆之言。 —— 宋‧魏泰《東軒筆錄》、寇萊公條。

【餘音】國家用人，首是德，次是才。寇準看偏了，竟然受害。本篇值得多讀幾遍。

157　義田記

　　范文正公（北宋范仲淹，989-1052，宋史有傳）。平生好施與。……置負郭常稔之田千畝，號曰義田，以濟族群之人。……擇族之長而賢者，主其計。……嫁女者五十千，娶婦者三十千，……葬幼者十千。沛然有餘而無窮。

　　初、公之未貴顯也，嘗有志於是矣，而力有未逮……及參大政，始有祿賜而終其志。……公雖位充祿厚，而貧終其身。歿之日，身無以為斂，子無以為喪。惟以施貧活族之義，遺其子而已。

　　嗚呼！公之忠義滿朝廷，事業滿邊隅，功名滿天下，後世必有史官書之者。……予獨高其義，因以遺世云。 ──

【原文】

見《古文觀止》‧卷九‧唐宋文‧錢公輔。《義田記》文句同上。

【餘音】

范仲淹為北宋政治家文學家兼軍事家，其「先憂後樂」銘言，傳誦千古。范公三歲而孤，曾隨母改適朱姓，後舉進士，始還姓更名，繼官參知政事。范在未顯達之前，即有設此義田之志，歿後更以此義行傳之子孫。令後人敬佩無既。

158 送毯給王振討喜

明代有位好官，名叫周忱，字恂如。明成祖永樂年間進士出身，明宣宗宣德年間官任工部右侍郎，巡撫江南，為該地區軍政刑獄的最高長官。他在任上歷經二十二年，政聲大著，卒諡文襄。

同一時期，朝廷裡有位攬權的太監叫王振，明英宗繼宣宗稱帝時，由於年幼，加以王振狡黠，很得英宗的歡心，政事多聽從他的意見，時常呼他為先生。

周忱是方面大員，為使諸多政務措施，不讓王振在朝廷中阻撓起見，得知王振新建居第，周忱密使工人丈量其齋閣長寬面積，作了一床精美的剪絨毯送作禮物，鋪上正合。

王振滿心歡喜，以後凡是周忱呈報朝廷的公文，王振都促使它順利通過核准，江南地區，長久賴以繁榮壯盛。

【原文】

周文襄公周忱，字恂如。巡撫江南日，巨璫王振當權。周忱慮其撓己也，時王振初作居第，公預令人度其齋閣面積，作剪絨毯遺之，不失尺寸。振益喜，凡公上利便事，振悉從中贊之，江南至今賴焉。——明・馮夢龍：《增廣智囊補》、卷上、察智。

【餘音】

投其所好，贏得歡心；今後辦事，件件成功。

人心不同，難以區分；卻有相反，請看下文。

159　送毯給秦檜惹禍

南宋秦檜，字會之，江寧人，任宰相十九年，擅權陰狠，晚年尤甚，殺岳飛，竄張浚，《宋史》列入姦臣傳。

秦檜正起造一座格天閣，有某位大官，想別出心裁來取悅他，就花錢賄賂工人，量得閣樓正廳地面的尺寸，依其大小，作成絨毯呈送，舖上尺碼恰合。

秦檜心中不樂，轉而生怒，他一想：「此人能知曉我閣樓的尺寸，當然也可能知曉我錢庫裡的金銀有多少，這種人窺探了我的隱私，不除掉他才怪。」不多久，就藉故將他革職了。

【原文】

秦檜構建格天閣，有某官，思出奇媚之。乃重賂工人，得閣樓之尺寸，作絨毯以進，舖之恰合。檜謂其伺己內事，大怒，因尋事斥之。——明、馮夢龍：《增廣智囊補》、卷下、術智。

【餘音】

對內心有隱秘之人，你也用隱秘之法去取媚他，恐會弄巧反拙。上篇王振，心機較淺，受毯歡喜。本篇秦檜，心機最壞，巧計送毯，回報很慘。

160　朱元璋毀鏤金床

　　明太祖朱元璋，滅了僭稱皇帝的陳友諒之後，部將們把陳友諒御用的「鏤金床」運來，呈給明太祖欣賞。

　　朱元璋審視了一番，評論道：「這不是和唐朝末年蜀主孟昶專用的『七寶尿壺』同樣都是不該有的器物嗎？你們看看這鏤金床，全用黃金鑲嵌，或條或片，細雕精鑿，花紋溢美，鏤刻絕倫。由此足以證明陳友諒是何等的窮奢極侈？似這等貪圖個人超份的享受，哪得不國亡身死呢？」即時下令毀掉它。

【原文】

明太祖滅陳友諒，有以友諒鏤金床進者。太祖觀之曰：此與孟昶七寶溺器何異？陳氏窮奢極侈，安得不亡？即命毀之。——明、李暉吉：《龍文鞭影》、二集下卷、太祖毀床。

【另文一】

宋太祖趙匡胤，滅了後蜀。其君主孟昶有件七彩珠寶溺器（小便壺），捧而碎之，曰：汝以七寶飾此，當以何器儲食？所為如是，不亡何待？——《宋史》、卷三、本紀第三、太祖三。

【另文二】

唐代段文昌，唐穆宗時官拜宰相，享用奢僭，其服飾玩好，苟悅於心，無不愛享。曾打造「金蓮盆」盛水洗腳，物議貶之。——《舊唐書》、卷一百六十七、段文昌傳。

【餘音】

鏤金床睡覺，七寶壺撒尿；金蓮盆洗腳，下場都不妙。

161　楊溥擢陞范理

明代楊溥，湖南石首人，官任宰相，與楊士奇、楊榮並稱三楊，政績都好。

他兒子從家鄉遠來京都探望父親，見面後，楊溥關心政情，問道：「你一路行來，經過許多州郡，依你所見，哪個縣令最賢？」

兒子反而投訴說：「我途中經過湖北省江陵縣，那個縣長很不討人歡喜，我看他最不賢了！」

楊問：「為甚麼呢？」

兒子答道：「我一路見過好多縣官，對我都十分體貼、關心，還送我許多禮物。唯有他見到我時，漠不關心，沒說多少話，比別的縣長簡慢多了，他的名字叫范理。」

楊溥倒認為范理不藉此來討好長官，應是賢士，暗中記住了。原來那范理，進士出身，任縣長期間，不阿諛上司，不巴結權貴，以直道施政，治績很佳。楊溥查核後，將他調升德安府知府，甚有惠政。楊溥又陞他為貴州布政使，職位更高了。

有人建議范理：「你幾度高陞，禮該上稟向楊公感恩，以示戴德。」但范理說：「宰相為政務拔擢人才，乃是為國。我替人民服務，也全是為公，何須用私函言謝？」

後來，楊溥過世了，范理大哭一場，表達無盡感念。

【原文】

楊溥執政時，其子自鄉來省。公問曰：一路守令孰賢？子曰：兒道出江陵，其令殊不賢。公曰：云何？曰：待兒苟簡甚矣，乃范理也。楊溥默識之。旋擢范為德安府知府，甚有惠政。再陞為貴州布政使。或勸范致書謝。范曰：宰相為國家用人，非私也，何謝？竟不致一書。後、楊溥卒，乃哭之，以謝知己。
——明、曹臣：《舌華錄》、名語第二、楊溥在內閣條。

【另文】

宋代仇泰然，官四明太守。愛一幕官。欲薦為縣長。一日，趁暇問曰：君家日用多少錢？對曰：十口之家，日用千力。曰：何為用許多力？對曰：食時稍具魚肉。泰然自忖曰：吾為太守，居恒不敢吃肉，今屬僚倍之，任官後安得不貧？」——見《崇儉篇》窒欲章。

【餘音】

為公、是替廣民造福；為私、是幫自己謀利。兩者截然不同。每當緊要關頭，我們必須慎擇。

162　一瓶一鉢往南海

在四川省的偏鄙地方，有兩個和尚，一個貧窮，一個富裕。有一天，窮和尚遇到富和尚說：「我想到南海去禮佛，你覺得怎麼樣？」

按浙江省東方海上，有個普陀山島，俗稱南海普陀山，供奉觀音菩薩，佛教徒都要去朝拜。

富和尚問窮和尚：「你依靠甚麼敢於到那麼遙遠的海上去呢？」

窮和尚答道：「我帶一個瓶子裝水，和一隻盂鉢盛飯，就足夠了。」

富和尚勸慰道：「我好多年來，就想租一條船，順流入長江，出吳淞口，再折往南海，可是至今仍沒籌劃妥當。你想得太簡單，憑甚麼可以去呢？」

過了一年後，窮和尚從南海回來了，還把南海的盛況告訴了富和尚，富和尚聽了，感到十分羞愧。

四川的西鄙，與南海之間的距離，不知道有幾千里？富和尚不能去，但窮和尚卻去成了，能不令人敬佩。

【原文】蜀之鄙，有二僧，其一貧，其一富。貧者語于富者曰：吾欲之南海，何如？富者曰：子何恃而往？曰：吾一瓶一鉢足矣。富者曰：吾數年來，欲買舟而下，猶未能也，子何恃而往？越明年，貧者自南海還，以告富者。富者有慚色。西蜀之去南海，不知幾千里也，富者不能至而貧者至焉。—— 清、彭端淑：《白鶴堂詩文集》、為學一首示子姪篇。

【餘音】作事欲求其成，須仗毅力決心。若是瞻前顧後，只恐無藥可救。貧僧一瓶一鉢，勇闖天涯海角。普陀靈山往返，佳例誠堪作範。

163　鄭成功收復台灣

　　滿清滅了明朝，被封為平國公的明朝鄭芝龍打了敗仗，不顧及兒子鄭成功的反對而逕自投降清朝。鄭成功則立意要效忠明朝，領兵駐守金門廈門，為反清復明而盡力。明代桂王就皇位時，封鄭成功為延平郡王。

　　但他審酌情勢後，自忖道：「金門廈門，地蹙勢孤，難以開展，不如擁有台灣，進退皆宜，可作長久打算。」

　　台灣在明代，稱為鷄籠山。明崇禎末年，荷蘭人趕走了在台灣的西班牙人，獨佔台灣，作為殖民地。

　　清順治十八年，鄭成功大造海船，率精兵乘大船隊自金門出發，順利航向台灣，在台南鹿耳門登陸，攻下赤崁城，戰勝了荷蘭人，迫使荷蘭殖民長官揆一在投降書上簽字，荷蘭人全部撤離台灣，台灣光復了，結束了荷蘭在台灣三十八年的統治。

【原文】清初、鄭成功以金門廈門為根據地以抗清。但他自知地蹙軍孤，不如進取台灣，作長久之計。台灣明時稱鷄籠山，崇禎末，荷蘭人趕走西班牙人，獨佔台灣為殖民地。順治十八年，鄭成功大造海船，大軍由金門出發，順利在台灣登陸，攻破赤崁城，迫使荷蘭殖民長官揆一在投降書上簽字，荷蘭人全部撤離，結束了荷蘭對台灣三十八年的殖民統治。── 近代、曹汝章主編：《中國歷朝事典》、清、鄭成功條。浙江教育出版社 1997 年出版。

【餘音】偉哉鄭成功，趕走荷蘭人；收復台灣島，今日享繁榮。

164 鮑超拔釘大會

　　清代鮑超，字春霆，四川奉節人。少年落拓，潦倒江湖，流浪到長沙，貧無立錐，只好進入游民收容所，混食嗟來，姑且度日。

　　游民所有一規定，凡是收留的游民，都要將寫上姓名的牌子，用大鐵釘一字橫排釘在大廳的牆壁上。游民所發給的叫化袋，回所時也要掛回鐵釘上，方便管理。如果謀到了好出路，離開游民所時，就要報請拔釘告別，否則游民名籍，永久留存，這也是鼓勵游民爭取上進之意。

　　鮑超在清咸豐二年，自恃身強力壯，投身軍伍，追隨曾國藩、胡林翼作戰，大小七十餘戰，場場勝利。他離所時匆忙來不及拔釘。迄後剿滅太平天國，官拜九門提督，封為子爵。憶及往事，乃親赴長沙，通知游民所與各方朋友，定期公開舉行拔釘大會。

　　這次大會，儀式隆重。全城文武百官，都欣然蒞臨觀禮，商民百姓，也都佇聚所前，駢肩瞻望。

　　鮑大人也貴不忘賤，未曾因年少落拓，視游民為羞恥。他在拔釘大會上，談笑風生，令人仰佩。

【原文】
近代、鄒覺民：《鮑超拔釘》，文句同上。

【餘音】
青少時鮑超微賤，晉子爵不須得意；
拔釘會別開生面，歷史上僅此一件！

165　徒弟詭辯賴學費

　　話說從前某個時代，有位能言善道之士，最為吃香，他可以認黑為白，以非為是，每次都能爭勝。有位學生，就投身於著名的詭辯大師門下，學習詭辯之術。但學費極為昂貴，為同情學生無錢，在入學之初，可以緩繳。那繳交學費的「條約」，雙方是這樣簽定的：

　　「學成詭辯前，念及學生沒有收入，學費同意緩繳。

　　學成詭辯後，替人訴訟贏了官司，學費就須付清。」

　　這位高才學生，巧辯之術已經學成，且似乎青出於藍，卻一直沒有幫人打官司，如此就許多年來，一直賴著未交半文學費。老師心有不甘，憋不住氣，便向法院起訴，他的勝算理由是：

　　「如果我贏了，按照法院的判決，你就該付我學費。

　　如果我輸了，按照條約的規定，你也該付我學費。

　　所以無論我是贏或是輸，你都應該付我學費才對。」

　　豈料這位精幹的學生，不但已盡得詭辯的真傳，而且更勝一籌。他理由充分，信心十足，順勢以四兩撥千斤的妙招，技巧的詭辯反駁道：

　　「官司我若贏了，依法院的判決，當然不需付學費。

　　官司我若輸了，照條約的規定，自也不必付學費。

　　因此無論官司是贏是輸，我都不要付你的學費呀！」

　　可惜的是，這件懸案，沒有下文，究竟誰勝誰敗，孰是孰非，無解。讀者能否權宜充當個庭外仲裁官，予以正偏曲直的裁判。

【原文】摘自近代、吳俊升《理則學》。演繹推理，下。正中書局出版。文字稍長，但能引人深想。

【餘音】正反我都有利，這就叫做詭辯；師父敗給徒弟，讀後惹來歪趣。

166　只捐二文錢

有一女郎，到大佛寺頂禮，囊袋中只有二文錢，她全數捐獻給佛寺。住持老僧見到了，竟親自為她向佛祖祈福，以感謝她全部捐捨的虔心誠意。

數年後，這女郎有幸選入皇宮，身價又貴又富了。一晃過了十年，她帶了兩千兩銀錢，再到這大佛寺裡樂捐。這位住持老僧，卻只派一位徒弟，向女郎回禮而已。

這女郎請問：「為甚麼前後輕重差別如此之大？」

住持老僧答釋：「從前你女施主捐出二文錢，是罄盡你的全部所有，這是一份極大的誠心和敬意，十分篤實難得，所以我要親為你祈福，以回報你的功德。至於這次嘛，你捐的數目確是很大，但真心卻比不上前次的誠敬，這就是全真與半真的不同呀！」

【原文】明、袁了凡居士：《了凡四訓》、第三訓、積善之家。文句同上。

【另文】耶穌在座上觀看，見財主們把捐錢投入捐箱裡，又見一位窮寡婦，投入了兩枚小錢。耶穌就說：我實在告訴你們，這位婦人，所投的比其他人還多。因為眾人都是自己有餘，拿多餘的錢投入。但這婦人是自己已經不足，竟然把她養生的都全部捐出了。── 新約・《路加福音》第二十一章、第一節、主稱讚寡婦。

【餘音】當初罄我所有，全數捐出二文，但虔敬誠心極為專一。如今我已富貴，隨手捐獻二千，只算順便佈施而已。兩者不該比較錢的多寡，而當看心念的重輕，錄供參酌。

167　靴子一厚一薄

　　有一人，穿錯了靴子，一隻底厚，一隻底薄。以致走路時一隻腳高，一隻腳低，很不舒服。

　　這人感到奇怪，自言自語道：「我的兩條腿，為甚麼會一長一短呢？想來可能是路面不平吧！」

　　有人告訴他說：「你是穿錯靴子了。」

　　此人趕忙讓隨行的家僕回家去拿靴子。家僕去了很久，空著兩手回來，對主人說：「不用換了，家裡的那兩隻靴子，也是一厚一薄，換不換都是一樣嘛。」

【原文】

一人錯穿靴子，一隻底厚，一隻底薄，走路一腳高，一腳低，甚不合式。其人詫異曰：今日我的腿，因何一長一短呢？想是道路不平吧！或告之曰：足下想是錯穿了靴子了！忙令人回家去取。家人去了許久，空手而回，謂主人曰：不必換了，家中的那兩隻，也是一厚一薄呀。── 小石道人：《嘻談續錄》。

【餘音】

主人錯穿靴子，一厚一薄。僕人回家視靴，也是一厚一薄。主僕兩昧，雙呆配合。令人啼笑皆非，讀來倒也可開心一樂！

168　華盛頓要換秘書

　　美國首屆總統華盛頓（George Washington, 1732-1799），是美國的開國偉人。年輕時，好學。1776 年美國謀求獨立，推舉他當總司令對英國宣戰，終獲勝利。1789 年當選為第一任總統，連任二屆，第三次仍然高票當選，但他婉拒就任，退讓賢能，成為良範，他可稱為美國國父。

　　美國人都很守時，華盛頓更珍惜時間。若是客人來見他，他的原則是：「我看手錶，從來不問客人有沒有到，我只看時間有沒有到。」

　　他的秘書有次遲到了！原因是秘書的手錶慢了。華盛頓說：「那末、或者你換個新錶，或者我換個新秘書。」

　　言簡意賅，他就是極為重視時間，連說話也極為精當。

【原文】

譯自《讀者文摘》（Reader's Digest）。英文免抄。

【餘音】

美國科學家富蘭克林（Benjamin Franklin 1706-1790）說：「時間就是生命。」榮獲諾貝爾獎的居里夫人（Madame Curie 1867-1934）則說：「我只惋惜一件事：日子太短，過得太快。」須知時不我與，人生沒有兩個壯年。若不警醒，生涯將交白卷。

正　言　第　六

169　鬻子為文王師

遠古的周代，有位鬻子，名熊，是周文王的老師。自周文王以下的諸人，都向他求知問學，後人集合他的行事遺言，編為《鬻子》一書，是我國第一本子書，《文心雕龍、諸子》及《四庫提要》都有記述。鬻子本人則在《史記、卷四、周紀》裡有簡述。

他九十歲時，見周文王，開示道：「如果要我去捕捉猛獸，追趕麋鹿，由於我年歲已老，那是做不到了。但如果要我坐而論道，或策劃國家大政，那我經驗豐富，可說還算年輕，足足可以勝任而有餘呢！」

【原文】

鬻子名熊，為文王師，自文王以下皆曾問道於鬻熊。年九十，見文王曰：使臣捕獸逐麋，則吾已老矣。使臣坐策國事，尚年少也。宋、李石：《續博物志》鬻子條。又見：明、蕭良友：《龍文鞭影》、初集、卷下、楚邱始壯。

【餘音】

誰都會老，不必嫌老。老人體力漸耗，但學驗隨年歲而日高。堪稱大老，是家國之寶。

170　子貢訪原憲

　　孔子有位弟子原憲，擔任過邑宰，後來退隱於衛國鄉間陋巷中，過著淡泊無求的生活。

　　孔子另一位有名的弟子子貢，出仕衛國，官任宰相。想起了同窗原憲，正住在衛國鄉下，便帶著馬隊車隊，進入鄉間，去尋訪原憲。久別重聚，也好暢敍離情。

　　原憲見面了，穿了件破衣裳，景況似乎不好。子貢替他難過，順口問道：「你可是生病了，為甚麼這樣潦倒呢？」

　　豈知原憲回答道：「有人說：『無錢的人，只是物質上貧乏，仍可享受精神上的富足呀！唯有那德義不修的人，心中愧疚，那才是有病。』這話有至理。像我，只是短缺一點錢財罷了，可是財富卻不能買到幸福呀！如今我守道安貧，過得很快樂，並不是生了病呀！」

　　原憲守貧，做到了所謂君子固窮，不改其樂。子貢處在順境，體會還欠深切。辭別之後，不免心生慚疚，顯出自己的淺薄，一輩子不敢再見原憲。

【原文】原憲居陋巷，子貢方相於衛，結駟聯鑣訪憲。憲攝敝衣，子貢曰：夫子病耶？憲曰：憲聞德義不修謂之病，無財謂之貧。憲貧也，非病也。子貢恥其言，終身不敢復見憲。——周、黔婁先生：《黔婁子》、原憲條。

【餘音】《黔婁子》附註說：此事《韓詩外傳》卷一，《新序》卷七，《史記》卷六十七，《亢能子》《高士傳》《莊子‧讓王》都有此文，但春秋時代的《黔婁子》最先，當是原出處也。

171　曾子宰豚啖小孩

　　曾子的妻子上街去辦事，他的幼兒跟在後面哭著要隨去。他媽媽甩不開他，只好對兒子說：「好乖，你回家吧。等我從街上回來，會殺頭小豬給你吃。」

　　他媽媽從街上回來了，曾子便準備把小豬抓來宰了。妻子勸阻他說：「我只是哄這小孩子，才說要殺小豬的，只算是開玩笑的話，不是當真的呀！」

　　曾子糾正她說：「小孩是不可以哄他當兒戲的。小孩並不懂事，一切知識都是從父母那裡學來，時時需要父母正規的教導。現在你如果哄騙他，這就是教小孩也去哄騙他人。而且，你做媽媽的哄騙了他，他就會不相信媽媽，這不是教育孩子成為正人君子的方法。」

　　理由說明白了，曾子便抓來小豬，宰殺燉肉給兒子吃。

【原文】
曾子之妻之市，其子隨之而泣。其母曰：汝還，顧反，為汝殺彘。妻適市來，曾子欲捕彘殺之。妻止之曰：特與嬰兒戲耳。曾子曰：嬰兒非與戲也。嬰兒非有知也。待父母而學者也，聽父母之教。今子欺之，是教子欺也。母欺子，子而不信其母，非所以成教也。遂烹彘。──《韓非子》、外儲說左上。

【餘音】
韓非子的原意，是藉此故事，宣揚他的重法守信的法制思想。有好的法律，就有法可依，有法必依，凡事都會上軌道。

172 天地萬物適者生存

　　齊國的田氏，在大庭院中舉行遙祭四方無名死者的祭典，祭後續有會餐，參加的賓朋達千人之多。其中且有人帶來鮮魚雁鳥作為獻祭物品的。

　　田氏看到了，很有感慨地說：「上天對待我們萬民的恩惠實在太厚愛了。為我們培植了五穀食糧，生產了魚群鳥類，來供萬民享用，我們何其幸運。」食客們都隨聲附和，如磬斯應。

　　有一位鮑家的兒子，才十二歲，也在下座，他站起來說道：「恐怕不一定像你說的那樣美好吧！天地萬物，與我們人類一同生長，這些不同類別的生物，應無高下貴賤之分，只是憑各自的形體大小，智力高低，來互相制約，而且交相為食，並不是這一類特地為另一類而生長的。我們人類把可吃的另一類拿來吃掉，難道可以說那類生物是天帝專為人類而生長的嗎？況且、蚊蟲叮咬我們的血，虎狼要吃肉，難道可以說上天為了蚊蟲而生出人類以供它們叮咬、為虎狼而生出他類動物來供老虎餓狼吞食嗎？」

【原文】齊田氏祖于庭，食客千人。中坐有獻魚雁者。田氏視之，乃歎曰：「天之于民厚矣，殖五穀，生魚鳥，以為之用。眾客賀之如磬。鮑氏之子年十二，預于次，進曰：不如君言。天地萬物與我並生，類也。類無貴賤，徒以大小智力而相制，迭相食，非相為而生也。人取可食者而食之，豈天本為人生之？且蚊蚋嗜膚，虎狼食肉，非天本為蚊蚋生人，虎狼生肉者哉？

—— 列禦寇：《列子》、說符。

【餘音】「人為萬物之靈」，這是自誇。「物競天擇，適者生存」，這話才公正。生物歷經漫長的淘汰考驗，優勝劣敗，適宜的種類才可延續下來。我們都該自勉自勵。

173　畫鬼最易

　　有位給齊王繪畫的人，齊王問他道：「繪畫的種類多，畫甚麼最難呢？」

　　這人回答說：「狗和馬最難畫。」

　　「那末甚麼最容易呢？」

　　這人回答說：「畫鬼怪最容易。因為狗和馬是人們所熟知的，早晚都在你的眼前，不容易畫得完全相似，所以說難畫。至於鬼怪則因為沒有固定的形體，也不會經常出現在你的眼前，你弄不準到底它像個甚麼樣子，所以說容易畫出。」

【原文】

客有為齊王畫者，齊王問曰：畫孰最難？曰：犬馬最難。孰最易？曰：鬼魅最易。夫犬馬，人所共知也，旦暮罄於前，不可類之，故難。鬼魅無形，不罄於前，故易之也。——《韓非子》、外儲說左上。附。乃是說事物失其根本，就無有著落了。

【餘音】

不常見之物，人們無法核實，真假難辨。說話也是一樣，有些虛幻之言，可以信口亂吹，你我不便深究。

174　魏人反裘負芻

　　魏文侯去郊外遊觀，見一個路人，反穿着皮外衣，把有毛的一面朝裡，有皮的一面朝外，肩上還背着一大捆牧草。

　　文侯問那人道：「為甚麼要反穿皮外衣來背牧草呢？」

　　那人回答說：「我是愛惜這皮外衣的毛，才讓它翻轉朝向裡面。」

　　文侯提醒他說：「你難道不知皮衣的皮磨破磨穿了，那皮上的毛就無所依附了嗎？」

【原文】

魏文侯出遊，見路人反裘而負芻。文侯曰：胡為反裘而負芻？對曰：臣愛其毛。文侯曰：若不知其裡盡而毛無所持耶？──漢、劉向：《新序》、雜事。

【餘音】

《左傳、十四年》虢躬曰：「皮之不存，毛將安傅？」按：傅今人訛作附。乃是說事物失其根本，就無有着落了。

175　楚弓楚得

　　有個楚國人，把射箭的弓丟了，不肯回去尋找。他說：「楚國人丟了弓，楚國人撿到了，就好了，何必要去找尋呢？」

　　孔子聽到後，改正說：「省掉那個『楚』字就好了，只須說：人丟了，人得了，不必限於楚國人嘛。」

　　老子聽到後，改正說：「省去那個『人』字就好了，只須說：丟了，得了，不必限於人嘛。」

【原文】荊人有遺弓者，而不肯索，曰：「荊人遺之，荊人得之，又何索焉？」孔子聞之曰：「去其『荊』而可矣。」老聃聞之曰：「去其『人』而可矣。」── 錄自《呂氏春秋・孟春紀・貴公》。

【另文】楚王出遊，亡弓，左右請求之。王曰：「止！楚王失弓，楚人得之，又何求之？」孔子聞之曰：「惜乎其不大也，不曰人遺弓，人得之而已，何必楚也？」── 錄自《孔子家語・好生》。又見：《公孫龍子・卷上，跡府第一》。又見《說苑・卷十四・至公》。

【餘音】本篇觸及三層境界。楚人的思想境界，已算開明了，但只限於楚國，似還偏狹。孔子則超逾國界，擴大到全人類，天下為公，觀念已很開闊了。老子更擴及整個宇宙，物我平等，人與萬物同為一體了。今要提醒一下：《呂氏春秋》，距今已2200餘年，那時竟然有如此高越的思想，筆之於書。我人先賢的智慧，令人驚歎。

176 父親偷羊兒告狀

在楚國，有個以直道行事的人。他父親偷了羊，兒子就向官府告發。官府判他父親要殺頭示眾，兒子又自願以身代之。就要將兒子殺頭了，兒子又有理由申訴說：「父親偷羊，我來告狀，這是多麼守信。父要斬首，我願代死，這又是多麼的盡孝。今大孝大信的人要被殺頭，國內還有誰個不被殺頭的嗎？」

楚王聽到這番申訴，就饒恕他不殺了。

【原文】

楚有直躬者，其父竊羊，而謁之上。上執而將誅之，直躬者請代之。將誅矣，告吏曰：父竊羊而謁之，不亦信乎？父誅而代之，不亦孝乎？信且孝而受誅，國將有不誅者乎？荊王聞之，乃不誅也。── 清·翁元圻：《翁注困學紀聞·卷七》。又見：《論語·子路第十三》。又見：《呂氏春秋·仲春紀·當務》。

【餘音】

老爸犯法，兒子告發；爸要砍頭，子請代殺。
臨殺之際，兒子有辯：我告我爸，大信大義。
我依禮教，又信又孝；既信且孝，豈可殺掉？
如此謬行，非叫直躬；乖違倫理，只在求名。

177　自相矛盾

　　楚國有個街頭售物的商人，同時賣盾牌與長矛。他誇言他的盾牌說：「我的盾牌，非常堅固，沒有任何利器可以刺穿它。」又吹噓他的長矛說：「我的長矛，異常鋒銳，任何物件，都能被它刺透。」

　　有人問道：「請用你的長矛，去刺你的盾牌，結果會怎樣？」這楚國人回答不出話來了。

　　尷尬的是：刺不穿的盾牌，和那甚麼都能刺透的長矛，乃是不要同時並存在一起的。

【原文】

楚人有鬻盾與矛者，譽其盾曰：「吾盾之堅，物莫能陷也。」又譽其矛曰：「吾矛之利，于物無不陷者。」或曰：「以子之矛，陷子之盾，何如？」其人弗能應也。夫不可陷之盾，與無不陷之矛，不可同世而立。── 錄自《韓非子・難一》。

【另文】

聖賢言行，要當顧踐，毋使自相矛盾。── 宋・王觀國《學林新編・言行》（《四庫全書・子部・雜家類》）。

【餘音】

過分的誇譽，終會露出馬腳，無法收場。結果是前後牴觸，說任何話都沒人相信了。本篇韓非子揭示出矛與盾不能同時為真，故邏輯學中，便將此一情況命名為矛盾律。

178 韓伯俞受笞哭媽

漢代韓伯俞，品行端方，尤其十分孝順。有一次，犯了過錯，媽媽照往例用竹鞭打他。伯俞受到笞罰，不禁大聲哭起來了。

媽媽問他：「以前多次打你，你都恭順地領受，沒有哭過。今天你卻哭了，為甚麼呢？」

伯俞婉然回覆道：「以前我有過錯，媽媽你打我，我感到很痛，會知道您的身體健朗，有力氣。今天，你在打我，我不覺得痛，想來是媽媽您年歲老大了，體力衰退了，所以我才哭呀！」

【原文】

漢、韓伯俞，至孝。有過，其母笞之，伯俞大泣。母問曰：往日笞子，汝唯受之，未嘗見泣，今泣何也？對曰：往日俞犯過，笞嘗痛，知母康健。今母之力衰，不能使痛，是以泣也。——漢、劉向：《說苑》、卷第三、建本。

【餘音】

媽媽打我我很痛，知曉媽健沒有病；

這次打我我不痛，乃是體衰缺把勁。

179　甑破視之何益

漢代孟敏，字叔達，見事能迅予剖決，從不猶豫。

某一次，他在山西省太原暫住，肩上扛著一個瓦甑行走，一不小心，瓦甑自肩背後滑落地上，一聲巨響，跌成碎塊。孟敏也不回頭瞧一瞧，逕自向前走去。

這一幕意外事件，被郭林宗看到了，深覺詫異，趕前追問因由。孟敏回答道：「甑已破了，再看它有何助益？」郭林宗很佩服他的果斷。十年後，孟敏終於成為有名人物。

【原文】

孟敏，字叔達。客居太原，荷甑墜地，不顧而去。郭林宗見而異之，問其意。孟敏對曰：甑已破矣，視之何益？林宗以此奇之。──《後漢書》、卷九十八、列傳第五十八。

【餘音】

瓦甑已破，惋惜無益，後悔無助，回視亦無能補救。對迅下決斷的人如孟敏而言，當聽到嘩喇一聲，就知已成碎塊，無法復原，返看只顯多餘，繼續趕路才是。

180　彼有其具

　　三國時代，蜀魏吳鼎立。劉備在成都稱昭烈帝，是謂先主。封簡雍為昭德將軍，兩人自小就有交誼。

　　有一年，四川久旱不雨，穀物歉收。官府下令，禁止用麥穀私自釀酒，犯者重罰。

　　執法吏在一民家搜出了釀酒器具，就想用禁酒法來治罪。

　　正好有一天，簡雍陪劉備便服在街衢閒步，見前面有一對男女並肩偕行，簡雍說：「前面這對男女要行淫，為何不抓來判罪？」

　　劉備感到詫異，問簡雍說：「你怎麼會知道？」

　　簡雍答道：「他們兩人身上，都有行淫的器官，和那有釀酒器具的嫌犯一樣嘛！」

　　劉備一聽，不覺大笑，便指示不要追究那有釀具的民家了。

【原文一】

先主在蜀，時天旱，禁私釀。吏於民家索得釀具，欲論罰。簡雍與先主遊，見男女行道，謂先主曰：彼欲行淫，何以不縛？先主曰：何以知之？對曰：彼有其具。先主大笑而止。——《增廣智囊補》語智・簡雍。

【原文二】

簡雍，少與先主有舊，拜簡雍為昭德將軍。時天旱禁酒，吏於民家索得釀具，欲令與作酒者同罰。雍與先主遊觀，見一對男

女行道，謂先主曰：彼欲行淫，何以不縛？先主曰：何以知之？雍對曰：彼有其具，與欲釀者同。先主大笑，而原欲釀者。
——《三國志》・蜀志，卷八。

【原文三】

劉先主在蜀，嚴禁酒，凡有釀具者皆殺。一日、簡雍侍先主登樓，見樓下一少年與少婦同行。雍曰：彼將行奸，何不法辦？先主問：何以知之？雍曰：彼有淫具，何故不知。先主悟其旨，大笑，遂弛酒禁。——宋・天和子《善謔集》。

【餘音】

粗鄙的說：男身有陽具，女體有陰道，兩人相近，可以交合。但即令偕行，仍是守正。同理、民宅家中搜到釀酒器具，只要沒有現場造酒的行為，當然不能也不該論罪。

181　司馬拜常林

　　三國時代，魏國有位常林，字伯槐，河內溫人（屬河南省）。好學，時常帶著經書去耕田。後來官任刺史、大司農，魏明帝時封他為高陽鄉侯，死後諡貞。

　　魏國丞相司馬懿（後為晉宣王），也是溫縣人，權高位崇，但尊敬常林為同邑的前輩，因此每次見面時，司馬懿必定先拜，從不失儀虧禮。

　　有人向常林建議：「司馬公位高權重，是朝中唯一的貴人。你常林如見他要跪拜時，應該止住他不必如此多禮。」

　　常林答說：「司馬公乃是想要加強尊卑長幼的倫序，為後生做榜樣，所以才自動行大禮。至於他是不是貴人？這不是我所要了解他的。再則、司馬公要不要拜我，這也不是我所能勉強他的。我哪能干預到那麼多呢？」

　　進言的人，沒理由駁倒常林的正見，默然退下去了。

【原文一】三國、常林，字伯槐。好學，帶經耕鋤。累官刺史。司馬懿以先輩視林，每見必拜。或曰：司馬公貴重，公宜止之。林曰：貴非吾所知，拜非吾所強也。言者慚退。 ──《龍文鞭影》二集・下卷・司馬拜林條。

【原文二】常林，明帝即位，封高陽鄉侯。晉宣王以林乃鄉邑者德，每為之拜。或謂林曰：司馬公貴重，君宜止之。林曰：司馬公自欲敦長幼之序，為後生之法。貴非吾之所畏，拜非吾之所制也。言者退。 ──《三國志》魏志・卷二十三・常林。

【餘音】好個常林，對司馬懿的官高位崇，全不在意。接受大拜，也視為是對方自動自發的表現，處之泰然，我也不必自卑自屈。唯有如此，才可保持為一個「真我」，才不會被人輕視，特錄此作範。

182　吉凶由自己決定

　　隋文帝楊堅，是隋代開國之君。皇后獨孤氏死了，朝中有位儀同三司蕭吉，忙著去選覓墓地，好讓皇后安葬。

　　蕭吉找到一處好地，卜卦顯示大吉。他啟奏說：「這地乃是上上吉穴，根據卜筮顯示：『推算年數，將可享國兩千年。推算世代，將可傳承兩百世。』風水是最佳的了。」

　　隋文帝另有正見，說：「吉凶是由人的行為來造成的，不是依賴風水來保佑的。你看到北齊的末帝高緯嗎？他葬父王，難道不挑選『藏風聚氣』的『真穴』，卜卦不是也顯上上吉嗎？但不多久就亡國了。請再看看我的例子罷，我先父的墓地，也是選了又選的。如果說不吉、那我就不該作皇帝。如果說吉吧，那我的弟弟就不該戰死呀！」

【原文】

隋文帝后獨孤氏崩，儀同三司蕭吉為皇后擇葬，得吉處云：卜年二千，卜世二百。帝曰：吉凶由人，不在於地。高緯葬父，豈不卜乎？俄而亡國。正如我家墓地，若云不吉，朕不當為天子。若云不凶，我弟不當戰歿。──《資治通鑑》、卷一百七十九、隋紀三。

【餘音】

風水師說：如果葬對了龍穴，子孫就會當總統，這是說土葬。十三億人口都擇土葬，恐怕死無葬身之地。因此另外有火葬、海葬。請看隋文帝的正言，乃是一語破迷。

183 何得每事盡善

晉代王述，有才有識，但年歲已屆三十，還未出名。父親王承，為中興名臣第一，祖父王湛，博通經史，可謂出身於書香門第。

司徒王導，晉元帝時為丞相，尊他為仲父。後受晉元帝遺詔，輔佐晉明帝。又受明帝遺詔，輔佐晉成帝。歷經三代，出將入相，官至太傅。他知悉王述內蘊才華，請王述擔任中軍屬。

每當集會商討國家大政時，只要王導一開口講話，滿座官員，莫不齊聲讚美，認為決斷正確，王導也以為當然，次次如是，成為慣例。

王述看不過去了，獨排眾議，當眾正色說道：「我們又不是堯舜，哪能讓每件事都是盡美盡善？屢屢坦受恭維呢？」王導雖權傾一時，竟然也表示歉意。

【原文】

王述、年三十，尚未知名。司徒王導，辟為中軍屬。見導每發言，一座莫不讚美。述正色曰：人非堯舜，何得每事盡善？導改容謝之。 —— 唐‧房玄齡：《晉書》、卷七十五、列傳第四十五。

【餘音】

官大學問大。高官在位，無論天文地理，政經科技，都能夸夸而談，拍馬者一齊附和，稱讚聖明。請閱本篇王述。

184 快回蔥店去賣蔥

南北朝時代，南方的梁朝，由蕭衍開國，是為梁武帝，又號高祖。那時有位呂僧珍，跟隨梁武帝征伐，封為左衛將軍，一直受到梁武帝的信賴。

呂僧珍離開故鄉已太久了。梁武帝為了讓他榮耀回歸本鄉，便改派他為南兗州刺史（兗音演），返回原鄉去就職。

他在刺史任內，奉公守法。因是在本州本邑，不免會與族戚相接觸，但絕不徇私。

他的叔父和長兄的兒子，原本是經營賣蔥的行業，見呂僧珍貴為刺史，乃本州的首長，便想放棄蔥店，來謀個州政府的官職來做。

呂僧珍愷切地勸慰說：「我受了國家的厚恩，常恐沒有竭盡全力，以報答政府的栽培。州府用人，要選專才，方能適用。州官的水準很高，你們的才華是長於市場買賣，但對複雜的官場行政，還未能體會，哪有可能為你們安插官位？你們原有的行業，幹久了也幹熟了，可說是勝任而愉快，不必妄想做官，還是趕快回到蔥店去賣蔥吧！」

【原文】呂僧珍，隨高祖征戰，為左衛將軍。僧珍去家久，高祖欲榮之，使回本州，乃授南兗州刺史。僧珍在任，不私親戚。從父兄子先以販蔥為業，僧珍既至，乃欲求州官。僧珍曰：吾荷國重恩，無以報效。汝等自有常分，豈可忘求叨越？但當速返蔥肆耳。——唐、姚思廉：《梁書》卷十一、列傳第五。

【餘音】任官要適才適位。目前求才是考試，考試只考專長，無法測知品德節操。此一大漏洞，如何補救，亟請三思。

185　草書欠尊重

　　南北朝的北齊時代，有位趙彥深，名隱。在朝廷中，專掌機密，皇帝的詔告文書，多由他來撰寫，官位升至司徒。

　　他兒子趙仲將，有乃父之遺風，為人溫良恭儉，即使是面對妻子，也不會隨便怠慢。他為學涉及各種典範，尤其擅長於草書隸書。但是、即令他寫給弟弟們的家信，下筆都是用的正楷字。他說：「草書字不可不認識，但用草書字寫就傳給他人，會顯得自己過於輕漫，對人對己，都欠尊重。」

【原文】

北齊趙仲將，趙彥深之子也。仲將有乃父風，溫良恭儉。雖對妻子，亦未嘗怠慢。學涉群書，尤善草隸。雖與諸弟書，字書楷正。曰：草書不可不識，然若施之於人，即似相與輕漫，不可為也。── 唐、李百藥：《北齊書》、卷三十八、列傳第三十。

【餘音】

寫字是要傳達思想，算是一種工具，起碼條件要對方看得懂。如果認不出來，你那龍飛鳳舞的獨家書法豈不是白費力氣了？大陸文學家沈從文說：「寫字不可潦草，這是一種義務，也是一種道德。」希望你我都不要隨便。

186　狄仁傑不問仇人

　　唐代狄仁傑，由地方官的刺史、司馬，升任朝中宰相，很得武則天女皇帝的信任。有一天，武則天私下問他：「狄卿，你以前在汝南為官時，政聲治績本都很好，但有位大官記恨於你，他打小報告來舉發你犯了大罪的謗書還留在我這裡，你想要知道是誰嗎？」

　　狄仁傑陪罪奏道：「陛下明鑑：您若認為那檢舉內情的確是我的過失，我當認錯痛改，以報答宸恩。若認為不是我的過失，則陛下已明辨是非，那是我的榮幸。至於那位官員是誰？我還是不要知道為好。因為一旦知道姓名，一生都忘不了，這並不好。」

【原文】武后問狄仁傑曰：卿在汝南，有善政。然有譖卿者，欲知之乎？狄謝曰：陛下如以為過，臣當改之。如以為無過，臣之幸也。譖者為誰，不願知也。——明、《御製賢臣傳》、相鑑、卷之七。又見：《新唐書》、卷一百一十五。又見：宋、孔平仲：《續世說》、卷一、德行。

【另文】宋、呂蒙正，有氣量。初參知政事，入朝，有朝士指之曰：此子亦參政耶？蒙正佯不聞。同列不能平，令詰其姓名。蒙正遽止之，曰：一知姓名，終身不能忘，不如弗知也。——宋、孔平仲：《續世說》、宋紀、真宗。

【餘音】有人說我壞話，我如沒聽清楚，可以不必理會。若是聽清了，就該虛心檢討：有則改之，無則加勉，這才是高品格。至於是誰說的，不須介意。倘仍追究得知姓名，可能終生不忘。對人對己，都非常不妥。

187 貌雖瘦而天下肥

　　唐代韓休，唐玄宗時官任宰相。他守正不阿，皇帝的舉措有不合的，都要事事糾正。玄宗因見他忠實，倒也不以為忤。

　　唐玄宗在宮中召集宴樂或舉行歌舞，以及在御園禁苑中遊戲歡樂或打獵捕獸，每遇稍有差縱，總是問侍臣說：「韓休知否？」話說完沒有多久，韓休的書面諫疏就呈上來了。使得唐玄宗的一舉一動，都得守住分寸。

　　有一天，玄宗對著鏡子，審視自己的臉容，好久沒有說話。身旁的侍臣進言道：「自從韓休當上宰相，陛下您就沒有一天快樂過，龍體也比以前消瘦多了，何不把韓休趕下臺，不就好過了嗎？」

　　玄宗道：「我的體貌雖瘦，但天下百姓都變肥富了，不是很好嗎？我用韓休，全是為了國家，不是為我個人呀！」

【原文】

韓休，唐玄宗時為相，時政得失，言之未嘗不盡。帝或宮中宴樂及後院遊樂，小有過差，輒問左右曰：韓休知否？言終，諫疏已至。帝嘗臨鏡，默然不樂。左右曰：韓休為相，陛下殊瘦於舊，何不逐之？帝曰：吾貌雖瘦，天下必肥。吾用韓休，為社稷也，非為身也。——宋、歐陽修：《新唐書》、卷一百二十六、列傳第五十一。

【餘音】

一句「貌雖瘦而天下肥」，餘音繞梁，三日不絕。今日身為首長的，請多讀此篇。

188　盧杞貌陋而心險

　　唐代郭子儀，累官節度使、汾陽王、太尉中書令，身繫唐朝安危二十年。兒子娶了公主，跟皇帝結成了親家（見下篇）。

　　有一回，郭子儀病得很重，文武百官，都來王府探病。郭子儀每每就在寢室臥房裡接見他們，那些在內室服事的侍女姬婢，都不曾迴避。但一聽說盧杞要來探病，便把所有的侍姬都斥退避往後堂，一個也不許進入寢室。他獨自扶病倚著几案，等候盧杞光臨。

　　家人都很奇怪，事後都想要知道是甚麼緣故。郭子儀解釋道：「盧杞生得極醜，像個猙獰的惡鬼。心地又太兇險，狡猂陰狠。我家府內的婦女們見事不多，看到他那副鬼獰藍面的長像，忍不住會要發笑。盧杞善於記仇，將來他找到報復的機會時，我們這多人就可能被殺得一個都逃不掉了呀！」

【原文】

唐、郭子儀病甚，百官造省，不屏侍姬。及盧杞至，悉令屏去，獨隱几而待之。家人怪、問其故。子儀曰：盧杞貌陋而心險，婦人見之必笑。他日得志，吾屬無焦類矣。 —— 明、俞琳《經世奇謀》、知幾。

【餘音】

體質有缺點的人，出身不光彩的人，都怕別人譏誚。朱元璋當過和尚乞丐，終為明太祖，對僧、禿、光、丐等字特別忌諱，犯者都要殺頭。遇到這種情事，我們只得小心注意才好。

189 不癡不聾

　　唐朝郭子儀，歷仕唐玄宗、唐肅宗、唐代宗、唐德宗四朝，身繫唐室安危四十年。

　　他的兒子郭曖，娶了唐代宗的女兒昇平公主為妻。有一天，兩小口在閨房裡拌嘴，郭曖氣起來了，數落道：「你仗著你爹是天子嗎？有甚麼了不起？俺爹連天子都看不上眼，還不高興做哩！」

　　昇平公主嬌縱慣了，認為受了大辱。惱怒之下，急命駕車，即時奔回皇宮，向爸爸唐代宗哭訴。

　　唐代宗溫言勸慰說：「這些國家大事，你就不知道了。郭曖所說的話，完全真實。如果他爹郭子儀要做皇帝，隨時都可辦到。他若起心，天下哪是我們李家所有的呢？」安撫了女兒，以後不可以隨便鬥氣。叫人伴送她駕車回夫家去了。

　　郭子儀得知此事，兒子誹謗天子，這還了得？郭曖要殺頭的，自己也當受罰。他立即把郭曖關入囚籠，然後進宮請罪。

　　唐代宗卻未生氣，輕鬆釋示道：「俗話說：『不癡不聾，不作阿家阿翁（家要讀孤。阿家是丈夫之母，阿翁是丈夫之父。這是說：做公公婆婆的，有時要裝聾作啞，不過問兒子媳婦在閨房裡的小事）。』小兒小女在臥房裡說些氣話，怎可當真，不理會就得了。」

【原文】郭曖嘗與昇平公主爭言。曖曰：汝倚乃父為天子耶？我父薄天子而不為。公主恚，奔車奏帝。上曰：此非汝所知，彼誠如是。使彼欲為天子，天下是汝家所有耶？慰諭令歸。子儀聞之，囚曖，入待罪。上曰：鄙諺有之：不癡不聾，不為家翁。兒女閨房之言，何足聽也？——《資治通鑑》·卷第二百二十四。

【餘音】年輕的兒媳，在閨房中講私話、鬥嘴，有時候又打情罵俏。身為公公婆婆的，不必去干預追究，大可裝作沒看見，沒聽到。一會兒小兩口床頭吵架床尾和，外人且難猜透。

190　阿豺說單箭易折

　　吐谷渾（應讀突浴魂，國名），阿豺繼立為王，地方數千里，號稱強國。不幸阿豺突然生病，他召集兒子二十人，說：「你們各人給我一枝箭。」然後對胞弟慕利延說：「你拿一枝箭把它折斷！」慕利延辦到了。阿豺又說：「你再把那十九枝箭一次將它折斷！」慕利延辦不到。

　　阿豺宣告道：「你們知道嗎？單箭一枝，容易折斷；眾多箭合為一束，就很難摧折；你們大家要合力同心，我們的國家就會變得堅強而不會摧毀。」不久阿豺就逝世了。

【原文】

吐谷渾、阿豺繼位，地方數千里，號為強國。會阿豺暴病，有子二十人，阿豺謂曰：汝等各奉吾一枝箭。俄而對母弟慕利延曰：汝取一枝箭折之。慕利延折之。又曰：汝取十九枝箭折之。慕利延不能折。阿豺曰：汝曹知不？單者易折，眾則難摧。戮力一心，然後社稷可固。言終而死。── 唐、李延壽：《北史》、卷九十六、列傳第八十四。

【餘音】

「眾志成城」，這話抽象，番人難懂。「單箭易折」，這是身邊物，印象深刻，不會忘記。阿豺以實物作例證，事簡而理明，比那些長篇大論正面說教有效多了。

191 孔雀羽毛作服飾

宋太祖趙匡胤登位後，提倡節儉，不尚奢華。皇宮裡的窗帘，都用青色素布縫製，不要綢緞。所穿的衣服，洗了再穿，穿了再洗，不肯丟棄。

有一天，他女兒魏國長公主，回到皇宮來看望皇父皇母。趙匡胤見她衣服的前襟後背，都用孔雀的毛羽襯飾，就告誡她不可再用。

公主笑著說：「這幾根孔雀羽毛，小意思嘛，能值幾文錢，爸爸何必計較？」

趙匡胤回斥道：「不可有這種想法！你穿了這種衣服，大家都會學樣，雀羽的價錢就會高漲。商人和獵人見有大利可圖，孔雀就會遭到大量捕殺，你就成為開頭造孽的罪人了。」公主這才無言以對。

趙匡胤補充說道：「你生長在帝王之家，享盡富貴，也需要懂得珍惜福分才好！」

【原文】

宋太祖登位，宮中葦簾，緣用青布。常服之衣，澣濯至再。魏國長公主襦飾翠羽，戒勿復用。又教之曰：汝生長富貴，當念惜福。──元、脫克脫：《宋史》、卷三、本紀第三、太祖三。

【餘音】

現今社會，競尚奢華。錄此一篇，敬供參酌。

192　銀工之家出宰相

宋代李邦彥，官居相位，綜理國政。但行止有時不甚拘謹，以致有人稱他為浪子宰相。

他的家世，有欠輝煌，父親做過銀匠。好事者便藉此出身微賤來譏笑他。邦彥深感羞慚，回家後還把此事投訴給母親知道。

他母親曉以大義，糾正他說：「宰相之家的後代，成為銀匠，這才可羞。銀匠家中的後代，竟然官拜宰相，這是何等難得，有甚麼可慚愧的呢？」

【原文】

李太宰邦彥，父曾為銀工。或以為誚，邦彥羞之，歸告其母。母曰：「宰相家出銀工，乃可羞也。銀工家出宰相，此美事，何羞焉？」—— 明·馮夢龍《增廣智囊補·閨智·賢哲·李邦彥母》。

【餘音】

百業何分高與低，
各人頭上一重天；
銀工兒子官宰相，
努力掙來本自然。

193 淺深紅白宜相間

　　歐公守滁陽（即滁縣，在安徽省），築醒心、醉翁兩亭於琅琊幽谷（歐陽修撰有《醉翁亭記》，已選入《古文觀止》卷十），且命幕客謝某，雜植花卉於其間。謝以狀（書面的呈稟）問名品（請示花的品種名目）。公即書示於紙尾云：
　　「淺深紅白宜相間，先後仍須次第栽；
　　我欲四時攜酒去，莫教一日不花開。」
　　其清放如此。

【原文】
近代・丁立人：《詩詞欣賞》。文字同上。

【餘音】
歐公斯時，正感興會淋漓，立刻振筆直書，胸中了無罣礙，七言四句，有似口語，平仄切合，甚為清放焉。

194　橙墩宴客失金杯

明代有位橙墩，極喜歡招待賓友，寵妾蘇氏，也善於持家待客。某一天，家中大宴高朋，在歡樂聲中，一隻金質酒杯不見了。僕人們一面在大廳中四方尋找，一面在口中不斷嘮叨，好久了，仍然沒有找到。

這時，小太太蘇氏在內堂門口大聲說道：「金杯在這屋裡，已經收起來了，不要再費神找了！」

宴會完畢，眾多賓客離去後，蘇氏才向橙墩解釋說：「金杯其實真的丟失了，尋了半天，也不知是誰偷去了。你平日如此好客，豪爽有似孟嘗君，豈可為了一只酒杯，讓這群貴客高賓，人人不愉快，都惹上偷杯的嫌疑嗎？這豈是善待客人之道？倘若鬧出了搜獲真贓的尷尬場面，將來如何再好相見？我看這樁小事，何不算了就好？」

橙墩極為佩服她的高明識見。

【原文】明朝橙墩，好客。有愛妾蘇氏，善持家。一日讌客，失金杯，諸僕嘖嘖四覓，蘇氏誑之曰：金杯已收在內室，不須尋矣。及客散，蘇氏對橙墩曰：杯實失去，尋亦不得，公平日好客任俠，豈以一杯故，令名流不歡乎？橙墩善其言。——明、鄭瑄：《昨非庵日纂》、汪度第十、橙墩。

【餘音】金杯不見，滿場都是嫌疑犯。搜身嗎？豈不全丟面子？搜出來如何安頓？搜不到如何善後？都是難題。不如免究，才是高明之舉。

195 無子不須憂

　　李中谿沒有兒子，由於無人來傳宗接代，他一直不樂。

　　一位朋友開導他說：「你是讀書人，應該知道至聖先師孔子沒有指望他兒子伯魚來作儒學的傳承人（伯魚名鯉，見《論語・先進》及《史記・孔子世家》）。又請看釋迦牟尼佛祖沒有把他兒子羅喉作為佛教的傳經人（羅喉，Rahu，釋迦的嫡子，見《佛本行集經・五五》）。再請看老子道尊也沒有讓他兒子李宗當作道教的傳道人（老子之子名宗，封於段干，見《史記・卷六十三》）。倘若儒釋道都要自己的兒子來作繼承人，恐怕三教都會絕滅無傳了呀！」

　　由此看來，無子也不必憂煩了嘛！

【原文】

李中谿無子，恒不樂。其友曰：「孔子不以伯魚傳，釋迦不以羅喉傳，老聃不以子宗傳。若待嗣而傳，三教絕矣。—— 明、曹臣：《舌華錄・慧語第一、李中谿條》。

【餘音】

有兒且莫喜，他是來討債的呢（前世你虧欠了他）？或是來報恩的呢（前世你救他一命）？都難以預知。另外，無子且莫憂，請看：鄧伯道無兒，史可法也無子，他倆英名，卻同為世人敬仰。或人說：有兒無兒，乃是天定，看開一些才好。

196　好子不須多

　　布政使是一省的財賦長官，按察使是一省的司法長官。某一天，布政使宴請按察使，席間交談，布政使以兒子眾多為憂，而按察使則僅有一子，又耽心太少了。

　　有位屬官在餐桌作陪，因向只有獨子的按察使寬慰道：「子好不須多嘛！」按察使聽了，心中感到舒坦多了。

　　布政使忍不住問道：「我愁兒子太多，你又怎麼說呢？」

　　屬官回應道：「大人，子好不愁多嘛！」

　　主賓都大為稱贊他善於說話，還照顧他升了官位。

【原文】

相傳某布政，請按臺酒。席間，布政以多子為憂，按君只一子，又憂其寡。吏在旁云：子好不須多。布政聞之，因謂曰：我多子，汝又云何？吏答曰：子好不愁多。二公大稱賞，共汲引之。
—— 明、馮夢龍：《增廣智囊補》、語智、善言、布政司使。

【餘音】

兒多兒少，都要教好。《三字經》說：「養不教、父之過；教不嚴，師之惰」。上一代要教導下一代，引他們都走正路，莫入歧途。這是義務，也是責任。

197　錢塘蘇小是鄉親

　　余（清代袁子才自稱）戲刻一私印，用唐人『錢塘蘇小是鄉親』之句（按蘇小是蘇小小的略稱，錢塘名妓。袁子才亦錢塘人，即杭州府。〈韓翃‧送王少府歸杭州詩〉曰：「吳郡陸機稱地主，錢塘蘇小是鄉親」）。

　　某尚書過金陵，索余詩冊，余一時率意蓋上此印。尚書大加苛責。余初猶遜謝，既而責之不休。余正色曰：「公以為此印不倫耶？在今日觀，固然公官一品，蘇小賤矣。誠恐百年以後，人但知有蘇小，不復知有公也。」一座皤然。

【原文】
清‧袁子才：《袁子才‧隨園詩話》。文句同上。

【餘音】
今日做高官，大夥聽我的，
明年趕下臺，誰個再理你？
不如蘇小小，溫柔逗人喜；
過了百年後，仍會長相憶。

198　國之將亡必有

　　清末康有為，廣東南海人。清德宗光緒年間，康組維新黨輔佐德宗變法。遭慈禧太后猜忌，殺譚嗣同、劉光第等黨人，康流亡海外得免。史稱戊戌政變。民國成立，康堅決反對共和。張勳復辟時，康任廢帝溥儀皇朝之院長。復辟失敗，康又逃亡。當時有人撰一歇後聯云：

　　國之將亡必有　老而不死是為

　　聯尾嵌「有為」二字。上聯見《中庸》「國之將亡必有妖孽」。下聯見《論語》「老而不死是為賊」。聯文將妖孽與賊字隱去，反顯凜然正氣，實為佳構。

【原文】

李屺之：《語林趣話全集》，文字同上。

【另文】

無恥：某中堂者，故明相也。曾降流寇，士論非之。老歸林下，築家廟享堂落成，翌日天明，見堂上一聯云：「一二三四五六七，孝弟忠信禮義廉」，不解其義。或曉之云：「首句隱忘八，次句隱無恥也。」——《聊齋誌異》卷十・三朝元老。

【餘音】

作者腹笥爛熟，配句精準，聯文對仗工整而貶意深重，錄請欣賞。

199 梟將東徙

貓頭鷹飛行時遇見了班鳩。班鳩問道:「你要到哪裡去？」

貓頭鷹答道：「我正準備搬移到東方去。」

班鳩再問：「為甚麼要搬遷去老遠呢？」

貓頭鷹訴說：「這邊村裡的人，都厭惡我這凶戾的叫聲，所以我想搬到東方去住。」

班鳩好心勸釋道：「如果你能改變你那難聽的叫聲，搬到哪一方去都是可以的。即使你不搬，也是可以的。如果不能改變，即使你搬到東方去，那裡的人們仍然會討厭你的怪鳴怪叫的呀！」

【原文】

梟逢鳩，鳩曰「子將安之？」梟曰：「我將東徙。」鳩曰：「何故？」梟曰：「鄉人皆惡（音務、下同）我鳴，以故東徙。」鳩曰：「子能更鳴，可矣。不能更鳴，東徙猶惡子之聲。」

—— 錄自漢·劉向：《說苑·談叢》

【餘音】

相傳梟鳥食母，乃是惡鳥。但人群中也不乏類似的歪人，我們常可見到似梟的人物。自己有缺點，和周圍的人際關係搞不好，他不從己身找出原因來改過向善，卻只怪別人不對，抱怨環境不良，常想換個地方，甩脫困窘。殊不知若自己不革掉乖言謬行，走遍天下仍是個不受歡迎的異類。

200　三次藉口都錯了

從前有一隻餓狼，出洞去找吃的。在山坡下看到一隻小乳羊，長得幼肥鮮嫩的，正好抓來當晚餐。

餓狼挨近小乳羊了，但這次決定不用殘暴的撕裂方法去撲殺它，那欠禮貌，也太霸道。應當改採文明的溫和方式來說服小羊，讓它知道吃掉它的理由非常充分，而且自己確實有吃它的權利。

餓狼責怪小羊道：「小傢伙，你去年為甚麼罵我？」

小羊抖抖顫顫地說：「狼伯伯，你弄錯了吧？去年我仍在媽媽的肚子裡，還沒出生哪。」

狼一歪頭，想到第二個理由，問道：「小鬼頭，你啃吃了我家私地的嫩草！」

小羊柔聲答道：「不會的，我到現在，牙齒還太嫩，啃不動青草呢！」

兩次藉口都不成，只好厲聲喝道：「小崽仔，你為何要偷喝我洞邊池裡的清水？」

小羊嚷道：「我哪有？我到如今還只是吮媽媽的奶汁呀！」

三次找碴都不成，狼心一橫，縱身一撲，捉住小羊吃了。自語道：「藉口雖然都錯了，總不能餓著肚子來講道德說仁義呀！」

【原文】

希臘、伊索：《伊索寓言》狼和小羊。文字同上。

【另文】

曹操與袁紹會戰於官渡，曹操軍糧已盡，寫信向後方催糧，信被許攸截獲。許攸去見曹操，問道：「軍糧尚存多少？」操答：「可支持一年。」許攸說：「只怕未必。」操又說：「還可吃半年。」許攸說：「我是誠心想幫你，你卻騙我。」操說：「實話實講，還可撐三個月。」許攸笑道：「別人說你是奸雄，果然不假。」操說：「豈不聞『兵不厭詐』嗎？實際只存一個月了。」許攸嚷道：「不須瞞我，已糧盡了！」操才說：「確實沒糧了。」──見《三國志》卷一、武帝紀、小字曹瞞傳。又見：《三國演義》第三十四。

【餘音】

老起臉皮撒謊，存心想騙對方；
哪知都說錯了，看你怎樣圓場。

201　白龍變鯉魚

從前，天帝有個少子，本是一條白龍，想到塵世間玩一玩，就化成一條鯉魚，在澄清的淵河裡，游來游去，好不快樂。

不料有個漁夫，名叫豫沮，發現水裡有條鯉魚，就拿起魚叉來射他，少子受了傷，趕忙逃回天庭，向天帝投訴。

天帝問他：「你在游泳時，穿的甚麼衣服？」

少子答：「我化成一條鯉魚，身體外邊穿的是亮麗的魚鱗服。」

天帝說：「你原是天上白龍，卻要化成鯉魚，怪不得豫沮要射你，漁夫的用心就是要抓魚，那本是正常的呀，有甚麼好埋怨的呢？」

【原文】

昔者、上帝之少子，白龍下游清泠之淵，化為鯉魚，隨流而戲。漁者豫沮射而傷之，上訴天帝。天帝曰：汝方游之時，何衣而行？少子曰：我為鯉魚。上帝曰：汝乃白龍也，而變為魚，漁者射汝，是其宜也，又何怨焉？ —— 後漢、趙曄：《吳越春秋》。又見：劉向：《說苑》、卷九、正諫。

【餘音】

本篇原是吳王夫差，扮為平民，在人群中被亂民誤傷手指，欲抓來殺頭。伍子胥用此寓言諫之。吳王認為有理，免究了。

202　呂洞賓不學點鐵成金

　　八仙之中，有位呂洞賓，名嵒，也作巖，字洞賓。元朝武宗封他為「純陽演正警化孚佑帝君」，因號純陽子，世稱呂祖。

　　另有一位叫鍾離權，號雲房，居正陽洞，因號正陽帝君。嘗自稱「天下都散漢鍾離權」。都散漢是閒逸男子之意。有人稱他為漢鍾離，是錯把漢字與鍾離相連，是不正確的（鍾離是複姓）。

　　呂洞賓入終南山，去見鍾離權。鍾離權測算他功德善行不足，對他說：「待你三千次功德積滿，八百項善行完成了，我會引度你入仙。目前先只能授你『點鐵成金』之術。學成此術，可以隨時行善，普濟世人。」

　　呂祖問道：「點鐵成金之後，將來會不會再由黃金變為頑鐵呢？」

　　鍾答：「那也得等到五百年之後，才會還原回去的。」

　　呂洞賓愀然道：「這就必會留下災害給那五百年後持有這種黃金的人，禍遺後代，並不公平，我還是不學的好。」

　　鍾離權笑道：「你能澤及五百年後的人，這個慈悲心太好太大了，足足可以補滿你的三千功德、八百善行所不足的差數。你可以擇期來鶴頂，由我帶你同登道域吧！」

【原文】

鍾離權授丹於呂祖，點鐵成金，可以濟世。呂祖問曰：終變否？曰：五百年後，將復本質。呂曰：如此則害五百年後之人矣，吾不願為也。曰：修仙要積三千功行，汝此一言，三千功行已滿矣。——明、袁了凡：《了凡四訓》、積善之方。

【餘音】

如果人人都不願意亂做壞事，遺留到若干年後來害人，則世間那些詭譎誆騙詐欺悖謬的作為就少多了。

閣下你已閱畢
多少諒獲小益
敬請堅此毅力
再向深處精習

人名索引 （阿拉伯字代表篇數）

八　畫